智慧鸿鹄

证券交易专修精要

张穗鸿◎编著

中国经济出版社
CHINA ECONOMIC PUBLISHING HOUSE

北京

图书在版编目（CIP）数据

智慧鸿鹄证券交易专修精要 / 张穗鸿编著 . -- 北京:
中国经济出版社，2025.2. --ISBN 978-7-5136-7990-9

I. F830. 91

中国国家版本馆 CIP 数据核字第 20252P4K13 号

责任编辑 贺　静
责任印制 李　伟
封面设计 财学堂·视觉设计部

出版发行 中国经济出版社
印 刷 者 四川省平轩印务有限公司
经 销 者 各地新华书店
开　　本 787mm×1092mm 1 / 16
印　　张 13. 5
字　　数 230 千字
版　　次 2025 年 2 月第 1 版
印　　次 2025 年 2 月第 1 次
定　　价 99. 00 元
广告经营许可证 京西工商广字第 8179 号

中国经济出版社 **网址** http://epc.sinopec.com/epc/ **社址** 北京市东城区安定门外大街 58 号 **邮编** 100011
本版图书如存在印装质量问题，请与本社销售中心联系调换（联系电话：010-57512564）

前言

中国资本市场在30多年的发展中取得了显著成就。从交易所的成立到监管体系的完善，从法律法规的实施到市场创新与产品的丰富，再到对外开放与合作的不断深化，中国资本市场已经发展成为一个功能完善、规模庞大的金融市场体系。在过去数十年中，投资承载了许多人的梦想，也让一些投资者获得了可观的财富。然而，市场行情颠簸不定，给一些投资者造成严重损失。

在这个日新月异、波澜壮阔的时代，市场中的变化与机遇如潮水般汹涌而至。我们心怀激情和使命，深信财经教育对于每个人来说都是一项非常宝贵的投资。财学堂作为一家深耕财经领域并致力于推动财经教育事业蓬勃发展的企业，成立近10年来，始终致力于为个人提供财经职业规划及帮助股民进行财经知识系统化学习，以及协助投资者享受中国资本市场红利。

随着数字化和金融科技的不断进步，金融行业正经历着前所未有的变革。同时，在全球化的背景下，金融市场日益多元化和高度融合，国际金融活动不断增加，这使得金融行业人才需要具备更广泛的国际视野和更强的跨文化沟通能力。因此，培养金融人才与推动金融创新，提升公众金融素养，在当前全球经济环境中显得尤为重要。如今，财学堂推出这一系列财经书籍，旨在满足不同投资者的学习需求，让财经实际投资技术生动浅显，财经教育系统丰富，更加贴近生活。系列丛书既涵盖了技术形态的精妙解析，又深入探讨了微观经济、中观经济、宏观经济的广阔天地以及趋势政策分析。同时，我们汇聚了学术派的严谨与市场派的活力，全面覆盖了财经教育领域的各个方面。我们深知，财经教育有助于提升公众的金融素养和风险意识，可以帮助投资者更好地理解金融市场的运作规律和风险特征；通过接受财经教育，投资者可以更加明智地进行金融决策，避免陷入金融陷阱和遭遇金融风险；同时，可以减少金融市场的信息不对称和投机行为，降低金融风险和金融危机发生的可能性。

系统的财经教育可以培养出具备专业知识和实践能力的金融人才，为金融行业的发展提供有力支持；同时，财经教育学习还可以帮助人们更好地管理个人财务和企业财务，提高经济效益和社会效益。

因此，财经知识不仅仅是冰冷的数字和复杂的模型，它更是一种智慧，是能够指引我们在市场浪潮中稳健前行的“灯塔”。因为每一次投资决策都是一场实打实的真金白银的较量，我们希望通过这些内容，将对市场走势的理性解读和对行业发展趋势的深刻分析，传递给每一个热爱投资学习、渴望成长的人，让投资者能够更好地理解市场、把握机遇，实现投资的稳定增长。

当然，想要在投资中生存并受益，就必须掌握抗风险的本领，要有全局意识和思维，同时要善于总结经验教训，善于学习并掌握一套投资方法。财经知识应该被更多的人接触和掌握，而不应该局限于少数精通金融术语的专业人士中，“传承投资智慧，播种希望工程”，真正实现普惠金融。

“一万小时定律”指出一万个小时的锤炼是任何人从平凡变成世界级大师的必要条件。顶尖的运动员、音乐家、棋手，需要花一万小时，才能让一项技艺至臻完美。同样地，只有经过大量的交易和不断的优化，才有成为专业人士的可能，才可以完成从普通投资者到操盘高手的蜕变。

时间的投入固然重要，但更重要的是持续地学习、实践，并不断反思和调整投资策略，还需要结合市场实际情况，总结每一次的交易经验和教训，从而不断提升自己的投资能力。通过学习财学堂投资系列丛书，相信你在短时间内，可以掌握投资的核心知识和技能，可以找到学习投资的捷径，得到点拨和指引。财学堂希望每一个读者都能从中受益，不仅能提升投资技能和认知水平，在市场中获得实实在在的收益，还能构建个人投资者职业财经知识体系，成为金融行业专业人才。

面对数字化、全球化、监管加强等挑战和机遇，金融行业需要不断提高自身的竞争力和创新能力。而财经教育作为提升公众金融素养、培养金融人才、推动金融创新的重要手段之一，应该得到更多的重视和支持。未来，财学堂将响应国家号召，致力于培养更具国际化金融视野的高层次财经职业人才，推动中国金融市场的建设与发展。我们希望通过不断的学习和积累，为财经领域注入新鲜血液，使其焕发新的活力和创造力，为金融行业的持续发展和社会经济的繁荣做出更大的贡献。

不忘初心，砥砺前行。财学堂始终秉承“人人都做合格投资人”的办学宗旨，我们相信，在未来的日子里，这些书籍将伴随着更多的读者走过市场的风风雨雨，见证投资者的成长与成功。

序一

股市数轮牛熊转折，无数人在这里折戟沉沙，但也有少数赢家在这血雨腥风中练就了一身过硬的本领，创造佳绩。

交易是一场与自我和市场的深度对话，看得透的人，处处是生机；看不透的人，处处是困境。放得下的人，处处是大道；放不下的人，处处是迷途。

“一个人只能赚到认知范围内的钱，靠运气得来的财富，一定会靠实力亏掉”，这句话近年来颇为流行，放在市场交易中更是十分贴切。其实它更深一层的含义是：与其羡慕别人的成绩，不如安心用好自己的本领，赚取属于自己该赚的利润，而靠运气赚到的涨停、骑到的黑马，一定会连本带利地还回去。

这样的轮回每天都在发生着，很多就是你我自己或身边的人，屡见不鲜。很多投资者对我说，2007 年、2015 年赚了多少钱，后来又有几人能够守住呢？

在常年的走访调研中，我曾听到过这样一句话：“其实大部分人都不适合发财，因为钱的反噬力非常大，若没有很高的德行、智慧，很难扛得住，一般人，当钱的数量达到一定程度的时候，就会无视规则、礼仪、尊重；无视底线、人格、道德，他们把这些全部都卖给了钱。”现实中很多暴发户、彩票中大奖者等后来依然会变成穷人。那么究竟如何在股市中守住财富并实现稳定盈利呢？或许，真正的答案在于，我们需要在不断提升投资技能的同时，更加注重内心的修养与品德的锤炼。

在我看来，投资的目的是享受生活。但大多数投资者既不能增加财富，更谈不上享受生活。那是因为市场是一个巨大且残酷的训练场，想要在此有所成就，学习、磨炼、悟性三者缺一不可。

一个成功的投资人，必须有广博的知识、坚强的性格、不挠的毅力、宽容的心态。传奇投资大师芒格就不止一次地说过，投资成功的秘诀就是持续不断地学习。

技术好学，心性难炼，悟性更是稀缺。这种情况下，投资者应该学会借用外力。“君子生非异也，善假于物也。”善于向外物借力，很多时候是成功的一个重要途径。对于大多数普通投资者来说，这个“外物”最好是一个方向的引领者。

这本著作，是张穗鸿先生多年资本市场征战智慧的精华凝聚，更是他对金融市场深刻洞察与独到见解的集中展现。他以一种既深邃又平实的笔触，向我们展示了投资的艺术与科学。不同于一般的投资指南，张穗鸿先生不仅仅局限于技术层面的剖析，而是将投资理念、市场洞察、实战策略与人性修养紧密结合，为读者呈现出一个全方位、多层次的投资世界。

在书中，张穗鸿先生以其深厚的市场经验和敏锐的洞察力，深入剖析了资本市场的运作规律，揭示了市场趋势背后的深层逻辑。他通过一系列经典案例，生动地展现了如何在复杂多变的市场环境中，运用科学的分析方法捕捉投资机会，同时有效规避潜在风险。这些案例不仅具有高度的实战价值，更蕴含着深刻的投资哲学。

投资这条路，是在波浪中独自探险，是在静默的深海中寻觅，是在盘面前孤独的沉思，更是智慧与冷漠之间的较量。优秀的投资人不可停滞学习，而学习成长中不可不读书，而且一定要读好书，张穗鸿先生的这本书值得广大投资者潜心研读。

丁洋

序二

投资，是一场高维度与低维度的对抗，是一场强势文化与抗弱势文化的博弈。在资本市场中，真正的赢家往往是那些能够站在更高维度洞察市场本质的人。

每一只股票的背后，都是一幅生动的众生相。股票价格的起伏波动绝非偶然，它深刻反映了社会的经济结构、大众的文化心理以及时代的变迁轨迹。以新能源汽车行业为例，近年来其股价的持续攀升，一方面得益于全球经济向绿色转型的大趋势，社会对可持续能源的需求急剧增长，推动了新能源汽车市场的蓬勃发展；另一方面，消费者对环保出行的认知转变、科技进步带来的行业革新等文化和科技因素，也促使资金不断涌入该领域。

只有透过现象看本质，才能真正理解市场的运行逻辑，从而在投资中占据主动。

那么有人可能会问市场的本质究竟是什么？是资金的流动，是预期的博弈，是信息的传递与反馈。每一位投资者都在市场中寻找自己的位置，试图通过不同的策略获取收益。然而，真正能够长期稳定获利的投资者，往往是那些能够跳出市场的短期波动，站在更高的维度去思考问题的人。

张穗鸿老师的这本书，正是这样一部帮助投资者提升认知维度、掌握高端玩法的经典之作。

张老师以其深厚的理论功底与丰富的实战经验，为我们揭示了资本市场的运行规律。书中不仅详细阐述了如何综合运用K线、均线、筹码等信号来判断市场风向，更是开创性地创立了如“九五至尊”“一统天下”“大美女”等经典实用战法模型。这些模型不仅是技术的结晶，更是强势文化思维的体现——它们教会投资者如何以理性的态度、系统的思维和长远的眼光，在复杂的市场中捕捉机会、规避风险。

我常与人道，投资不仅仅是技术与方法的比拼，更是文化与思维的较量。强势文化注重理性、自律与长期主义，而弱势文化则容易被情绪、短期利益与从众心理所左右。张老师不断强调心态与认知的重要性，便旨在帮助读者建立起强势文化的思维模式，从而在市场中立于不败之地。

对于初入市场的投资者来说，这本书是一盏“指路明灯”，帮助他们避开常见的误区，快速掌握科学的投资方法；对于经验丰富的投资者而言，这本书则是一面镜子，帮助他们重新审视自己的交易体系，提升对市场的认知与理解。无论你是追求短期收益，还是坚持长期价值投资，我相信通过潜心研读，都能从本书中找到适合自己的方法与策略。

作为张穗鸿老师的好友，我深知他对投资的热爱与执着，也见证了他如何将复杂的市场规律化繁为简，帮助无数投资者找到属于自己的方向。如今，他将这些宝贵的经验凝结成书，无疑是为广大投资者送上了一份珍贵的礼物。

愿这本书成为更多投资者的良师益友，帮助他们在投资的道路上走得更稳、更远。也愿每一位读者都能在书中找到属于自己的投资智慧，享受交易的乐趣，收获财富与成长。

黄平

目录

01

第一章 K线

第一节 K线的含义和单根分类

一、K线的含义

K线是用于表示股票价格变化的符号，如图1-1所示，红色K线（黑白图则为空心K线）表示收盘价高于开盘价，实体顶部表示收盘价，实体底部表示开盘价，上影线表示当期最高价，下影线表示当期最低价；绿色K线（黑白图则为实心K线）则表示收盘价低于开盘价，实体顶部表示开盘价，实体底部表示收盘价，上影线表示当期最高价，下影线表示当期最低价。

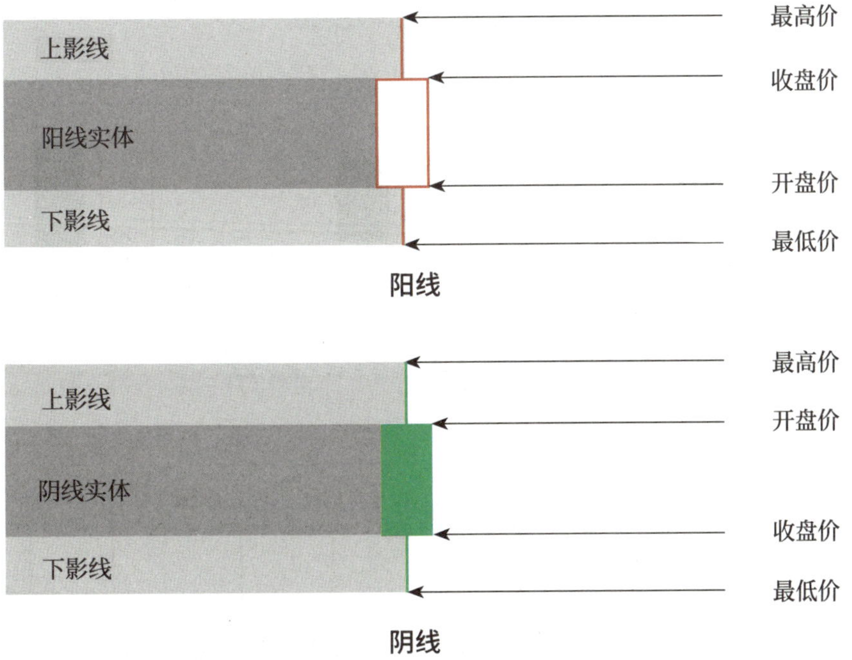

图1-1 K线各部分含义

二、单根 K 线的分类

根据股价实际情况，可能出现没有上影线、没有下影线、上下影线都没有、实体较短、实体适中、实体较长等各种情况，部分分类见图 1-2、图 1-3、图 1-4。根据影线的长度、实体占整根 K 线的比例和影线位置的不同，还有更多分类和解读，此处不再赘述。

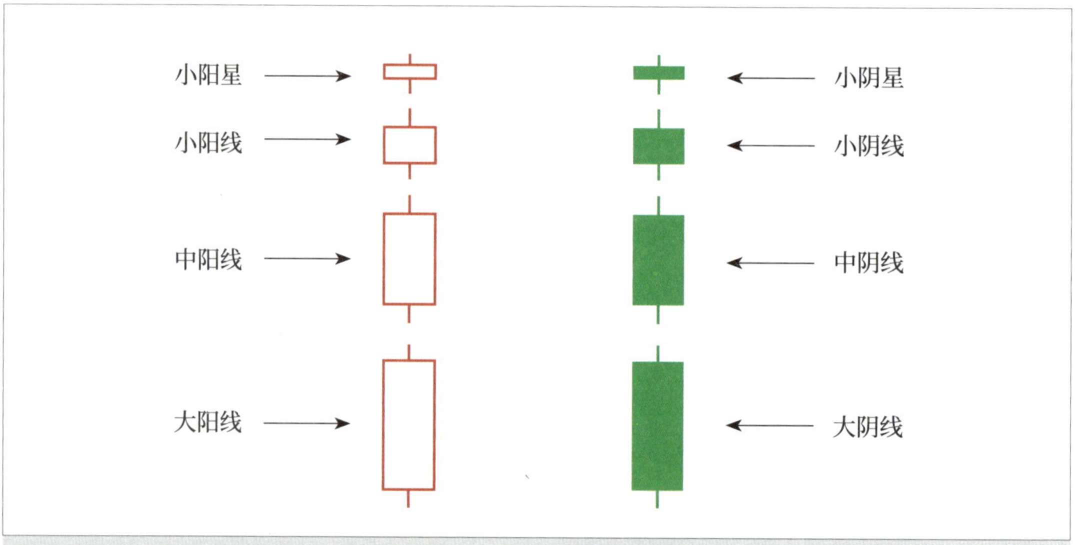

图 1-2　单根 K 线分类

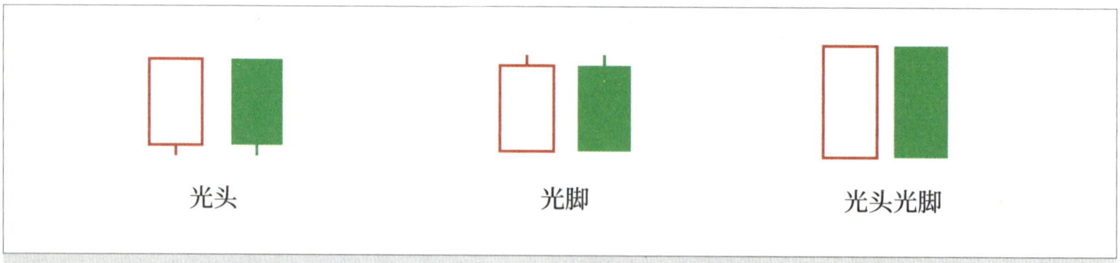

图 1-3　光头 K 线、光脚 K 线、光头光脚

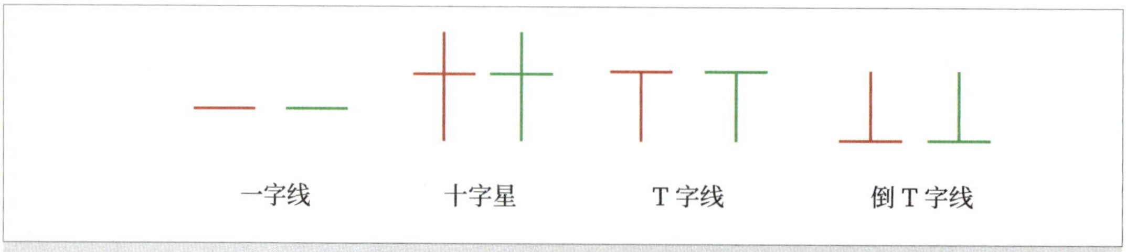

图 1-4　特殊形态 K 线（一字线、十字星、T 字线、倒 T 字线）

三、实体与影线的比例

日 K 线实际反映的是所有投资者当日对该股的预期，若多方占优势，则多以阳线收盘，多方占绝对优势，则为实体较长的大阳线；反之则为阴线和大阴线，若多空双方搏杀激烈，最后可能收出一个较短的实体（可阴可阳），但留下较长的上下影线。

如图 1-5 所示，虽然都是带下影线的阳线，多头较占优势，隔日续涨概率较高，但其影线与实体的比例不同，说明多空厮杀的激烈程度不同。总体而言，A、B 中实体比影线长，说明买方实力比卖方实力强很多；C 中实体与影线等长，说明多空交战激烈，大体上对买方有利；D 中影线比实体长很多，说明买方占优势，但优势不大。

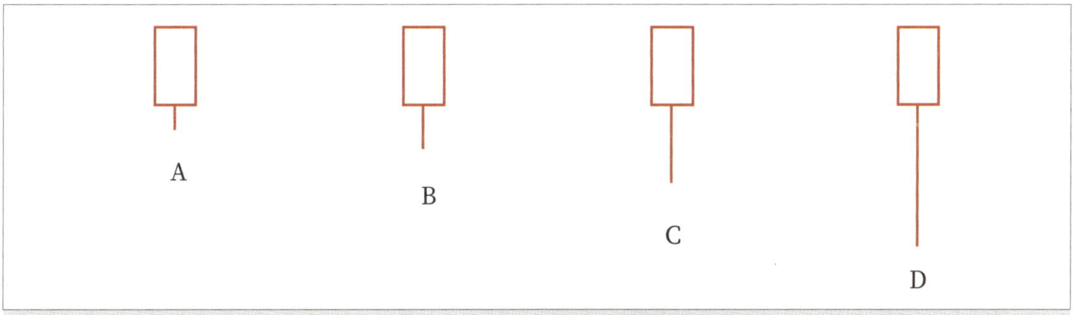

图 1-5　先跌后涨型带下影阳线

如图 1-6 所示，虽然都是带下影线的阴线，空头较占优势，但跌后获得支撑，后市可能会反弹。其影线与实体的比例不同，说明多空厮杀的激烈程度不同。总体而言，A 的下影线比实体短，说明空头趋势较强，多方抵抗收回了部分领域，但抵抗力较弱；B 中实体比影线长，依然说明空方实力较强，抵抗下跌的能力一般，但较 A 而言，抵抗能力更强；C 中实体与影线等长，说明多空交战激烈，虽然空方占优势，但多方抵抗能力亦与其不相上下；D 中影线比实体长很多，空方占优势，但优势不大。总之，下影线越长，抵抗越强，后市反弹的概率越大。

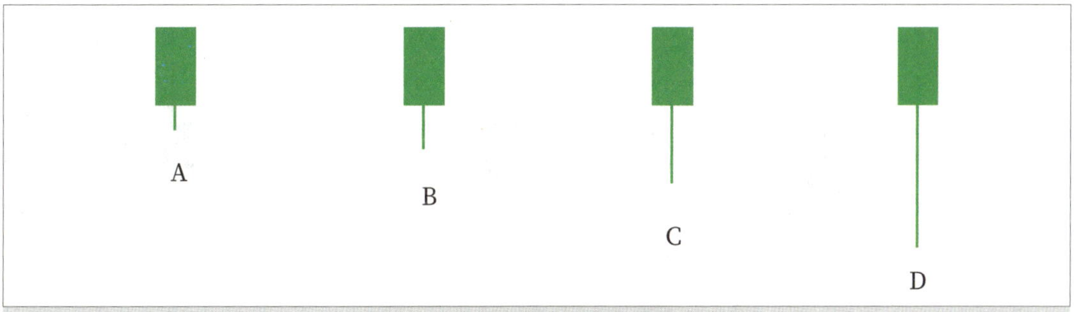

图 1-6　下跌抵抗型带下影阴线

如图 1-7 所示，虽然都是带上影线的阳线，多头较占优势，但涨后遇压力，后市可能下跌。上影线越长，显示上方空方压力越大，阳线实体与上影线的比例不同，说明多空厮杀的激烈程度不同。总体而言，A 中实体比影线长，说明多方实力比空方实力强很多；B 中实体与影线等长，说明多空交战激烈，大体上多方占优势，但空方压力亦不小；C 中影线比实体长很多，虽然多方占优势，但优势不大。总之，上影线越长，阻力越大，后市下跌的概率越大。

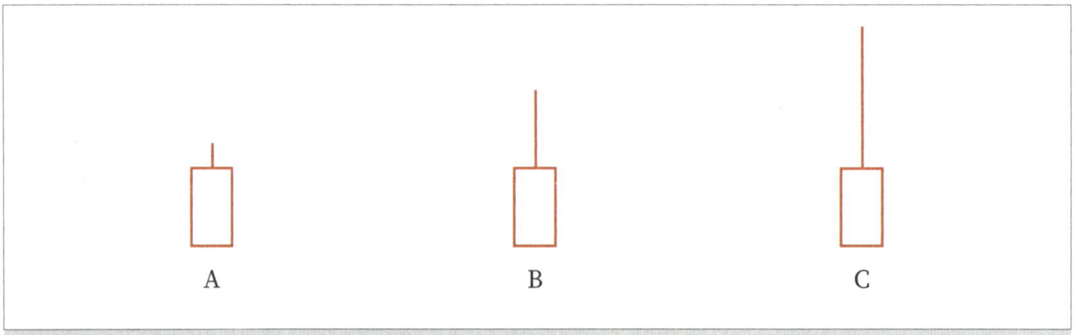

图 1-7　上升阻力型带上影阳线

如图 1-8 所示，虽然都是带上影线的阴线，空头较占优势，但下跌阻力较大，后市可能上涨。上影线越长，显示上方空方压力越大，阳线实体与上影线的比例不同，说明多空厮杀的激烈程度不同。总体而言，A 中实体比影线长，说明多方实力比空方实力强很多；B 中实体与影线等长，说明多空交战激烈，大体上多方占优势，但空方压力亦不小；C 中影线比实体长很多，说明虽然多方占优势，但优势不大。总之，上影线越长，阻力越大，后市下跌的概率越大。

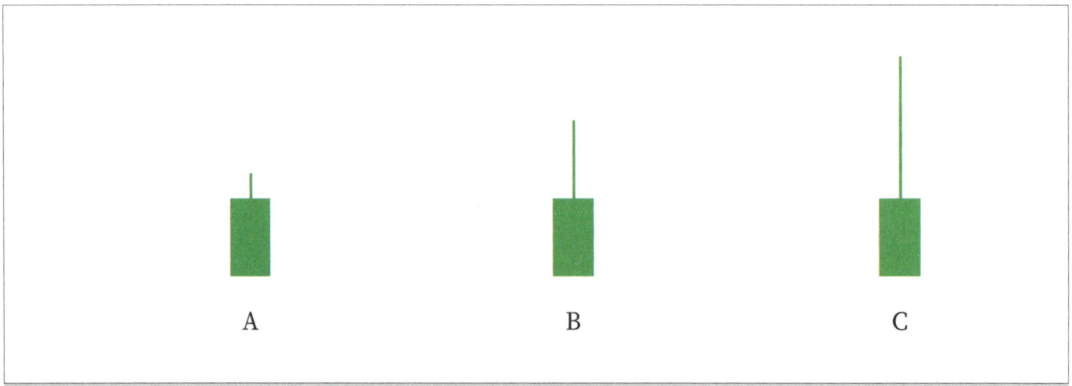

图 1-8　先涨后跌型带上影阴线

虽然都是带上影线的阴线，空头较占优势，但下跌遇阻，隔日反转概率较高。其影线与实体的比例不同，说明多空厮杀的激烈程度不同，总体而言，A中实体比影线长，说明空方实力比多方实力强很多；B中实体与影线等长，说明多空交战激烈，但空方较占优势；C中影线比实体长很多，空方略占优势，但优势不大，后续有上涨的可能。

T字线是特殊的K线，可以看作这几种K线的极端情况。

若同时出现上下影线，依然可以用实体与上下影线的比例，对比多空厮杀情况，按照以上分析以此类推即可。

四、K线在走势中的位置

虽然单根K线的形态相同，但位于走势中的不同位置，则所代表的含义也不相同，因此获得的命名也不相同。

比如位于下跌趋势中的T字线（不管阴阳），象征着多空厮杀激烈，但最终阻止了下跌，收复了失地，因此下跌趋势可能会终止，转而反弹，因此被称为锤子线，如图1-9所示。同样形态的单根K线，若出现在上升趋势中，则意味着空方势力已与多方势力相当，多方难以支撑股价继续上涨，看跌可能性较大，因此被称为上吊线，如图1-10所示。

图1-9　锤子线

图1-10　上吊线

第二节 反转K线

一、单日反转K线

（一）底部单日反转K线

1. K线形态

股票处于下跌趋势中，某日股价突然大幅滑落，但马上又受到了强大的抢购支撑，把当日所有的跌幅收复，甚至还会多升一部分，并以全日最高价（或接近全日最高价）收市形成的先大幅下跌后又收涨形成的光头或短头长下影阳线被称为“底部单日反转K线”，如图1-11所示。

图1-11 底部单日反转K线

2. 运用要点

股价经过30天以上的长期下跌，下跌幅度至少30%，跌幅越大越好，其间不允许出现类似的反转K线形态，否则会大大降低股价反转的可能。如图1-12就为失败的底部单日反转K线。为什么会失败？这是因为下跌时间不够长、下跌幅度不够大。

图 1-12　失败的底部单日反转 K 线

（二）顶部单日反转 K 线

1. K 线形态

股票处于上升趋势中，某日股价突然不寻常地被推高，但马上又受到了强大的抛售压力，把当日所有的升幅都完全跌去，可能还会多跌一部分，并以全日最低价（或接近全日最低价）收市形成的先大幅上涨后又收跌形成的光脚或短脚长上影阴线被称为“顶部单日反转 K 线”，如图 1-13、图 1-14 所示。

图 1-13　顶部单日反转 K 线 1

图 1-14 顶部单日反转 K 线 2

2. 运用要点

股价经过 30 天以上的长期上涨，上涨幅度至少 30%，涨幅越大越好，其间不允许出现类似的反转K线形态，否则会大大降低股价反转的可能。

（三）单日反转 K 线成因

我们以底部单日反转为例，解释单日反转 K 线出现的成因。

在下跌阶段，由于股价不断下跌，越来越多的投资者无法承担更大损失，于是止蚀沽出。他们的沽售令股价进一步低走，更低的价格又使他们更急于沽出，因此当日股价急速下跌。当他们沽售完毕之后，抛售压力突告消失，其他投资者因为新低价的引诱而尝试买入，马上就获得利润，于是有更多的投资者加入买入的行列，由于较早时沽盘已全被消化，买盘很快便推动股价上升，把当天跌去的价位全部升回。

（四）单日反转形态的市场含义

单日反转形态意味着大市暂时见顶（当顶部单日反转出现），或者见底（当底部单日反转出现），顶部单日反转通常在消耗性上升的后期出现；底部单日反转则是在恐慌性抛售的末端出现。

单日反转形态并非长期性趋势逆转的信号，通常在整理形态的顶部（底部）出现，当然也可能在长期性趋势的顶点（或底点）出现。

二、两日反转 K 线

（一）底部两日反转 K 线

两日反转 K 线是单日反转 K 线的变形。股价在下跌的趋势中，某日该股股价大幅下跌，并以全日的最低价（接近最低价）收市，可是翌日股价以昨日的收市价开盘后，全日价格不断上涨，把昨日的跌幅完全涨上去，而且可能是以昨日的最高价收市，这种走势的 K 线就被称为“底部两日反转 K 线”，如图 1-15 至图 1-28 所示。

图 1-15　底部两日反转 K 线案例 1

图 1-16　底部两日反转 K 线案例 2

日线(复权) 富翰微
时间
2024
0927
周五
数值
57287
开盘价
34.83
最高价
35.36
最低价
34.30
收盘价
34.85
涨幅
+2.29%
振幅
3.11%
成交量
24.38

图 1-17　底部两日反转 K 线案例 3

日线(复权) 拓斯达
时间
2024
0927
周五
数值
17556
开盘价
10.60
最高价
10.73
最低价
10.49
收盘价
10.70
涨幅
+2.49%
振幅
2.30%
成交量
8.41

图 1-18　底部两日反转 K 线案例 4

日线(复权) 维业股份
时间
2024
0319
周二
数值
1717
开盘价
8.67
最高价
8.86
最低价
8.55
收盘价
8.65
涨幅
+0.23%
振幅
3.59%
成交量
5.21

图 1-19　底部两日反转 K 线案例 5

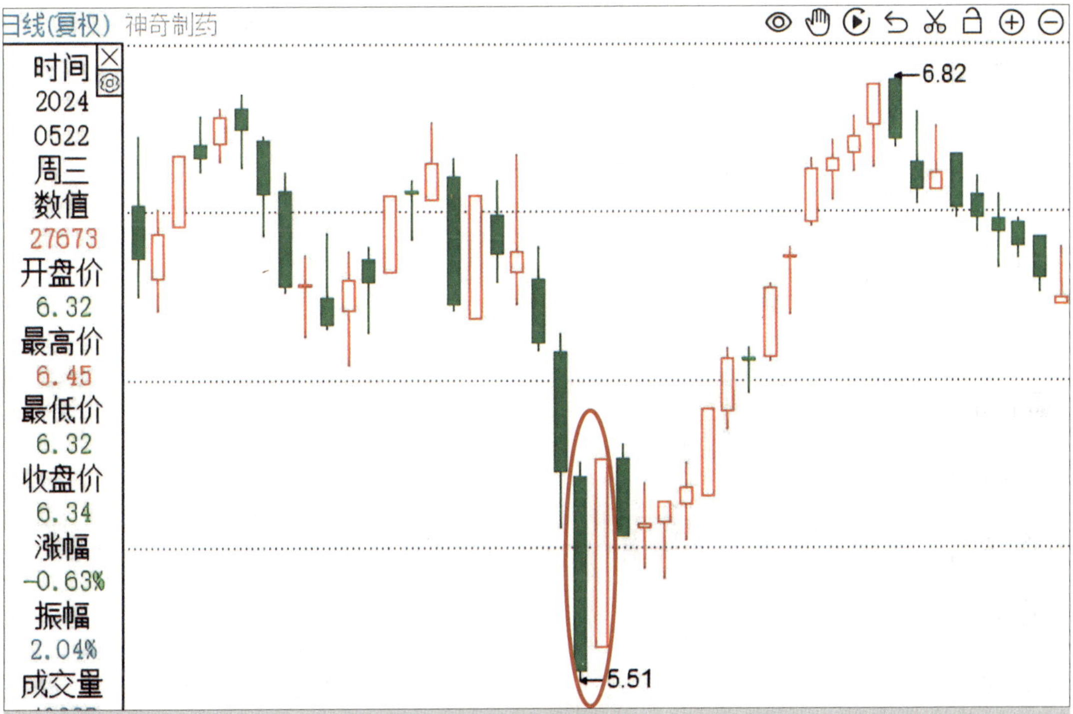
日线(复权) 神奇制药
时间
2024
0522
周三
数值
27673
开盘价
6.32
最高价
6.45
最低价
6.32
收盘价
6.34
涨幅
-0.63%
振幅
2.04%
成交量
6.82
5.51

图 1-20　底部两日反转 K 线案例 6

日线(复权) 华谊集团
时间
2024
0322
周五
数值
8234
开盘价
6.06
最高价
6.12
最低价
5.99
收盘价
6.03
涨幅
-0.66%
振幅
2.14%
成交量
6.76
4.88

图 1-21　底部两日反转 K 线案例 7

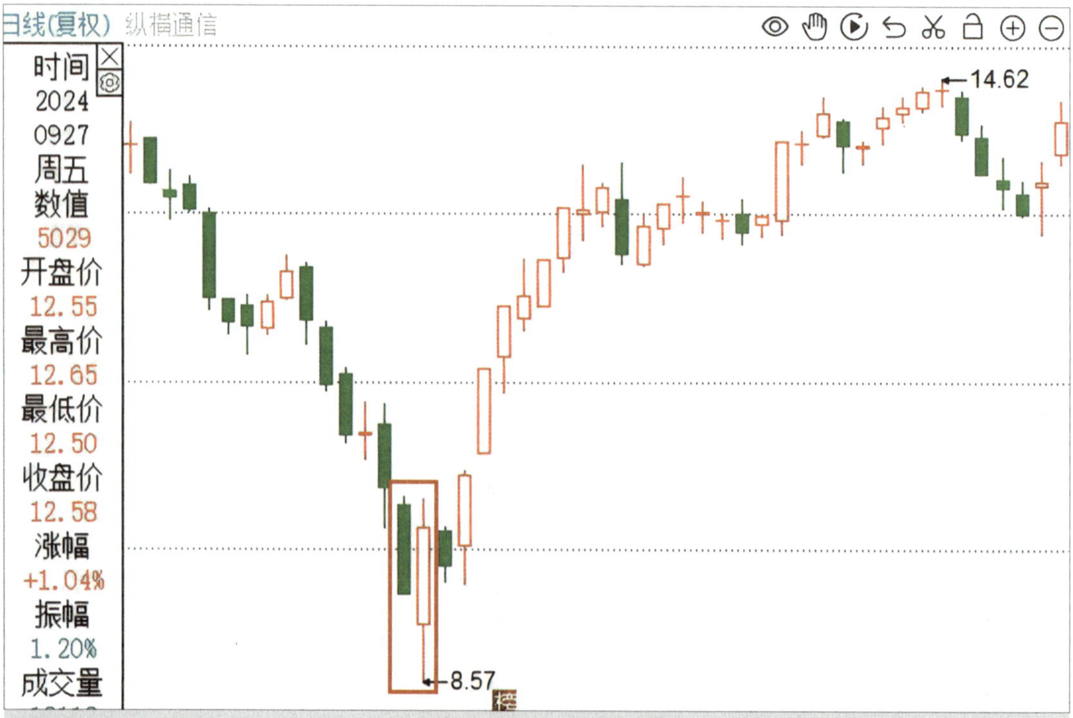
日线(复权) 纵横通信
时间
2024
0927
周五
数值
5029
开盘价
12.55
最高价
12.65
最低价
12.50
收盘价
12.58
涨幅
+1.04%
振幅
1.20%
成交量
14.62
8.57

图 1-22　底部两日反转 K 线案例 8

日线(复权) 数据港
时间
2024
0326
周二
数值
12.34
开盘价
15.75
最高价
16.61
最低价
15.63
收盘价
16.11
涨幅
+0.62%
振幅
6.15%
成交量
17.62
10.25

图 1-23 底部两日反转 K 线案例 9

日线(复权) 金力永磁
时间
2024
0927
周五
数值
317436
开盘价
11.50
最高价
12.38
最低价
11.50
收盘价
12.14
涨幅
+7.53%
振幅
7.79%
成交量
20.55
14.74

图 1-24 底部两日反转 K 线案例 10

日线(复权) 晶雪节能
时间
2024
0927
周五
数值
55540
开盘价
11.86
最高价
11.86
最低价
11.86
收盘价
11.86
涨幅
+0.76%
振幅
0.00%
成交量
19.21
8.56

图 1-25　底部两日反转 K 线案例 11

日线(复权) 百洋医药
时间
2024
0325
周一
数值
25.25
开盘价
33.58
最高价
33.62
最低价
32.51
收盘价
32.68
涨幅
-2.21%
振幅
3.32%
成交量
36.84
24.80

图 1-26　底部两日反转 K 线案例 12

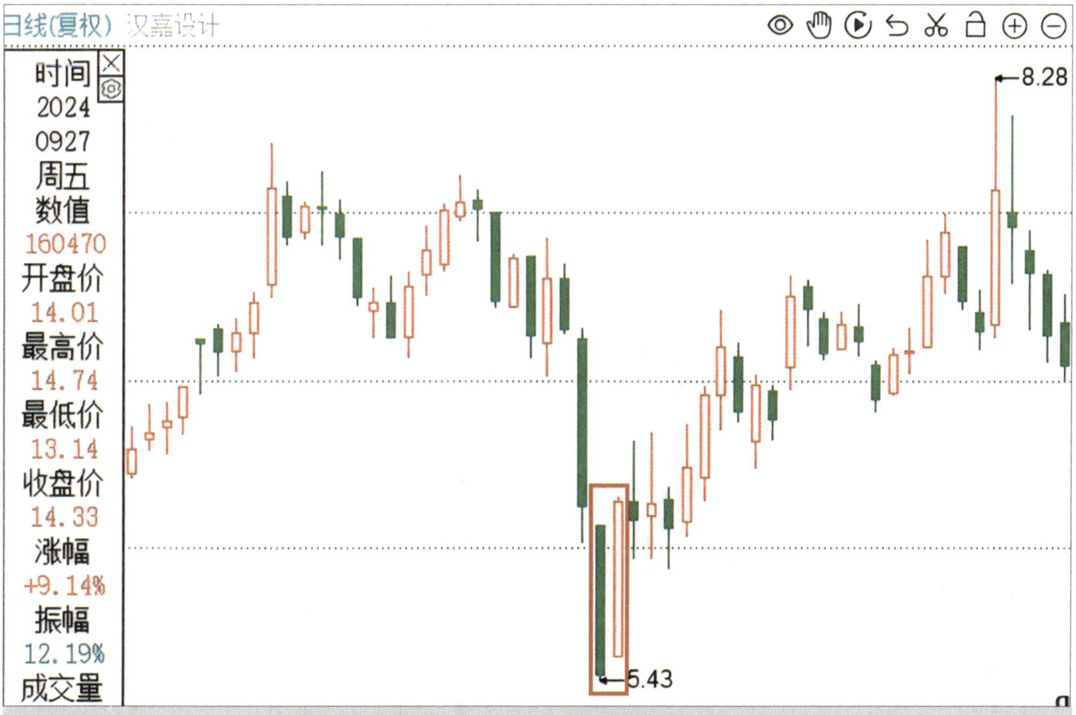
日线(复权) 汉嘉设计
时间
2024
0927
周五
数值
160470
开盘价
14.01
最高价
14.74
最低价
13.14
收盘价
14.33
涨幅
+9.14%
振幅
12.19%
成交量
8.28
5.43

图 1-27　底部两日反转 K 线案例 13

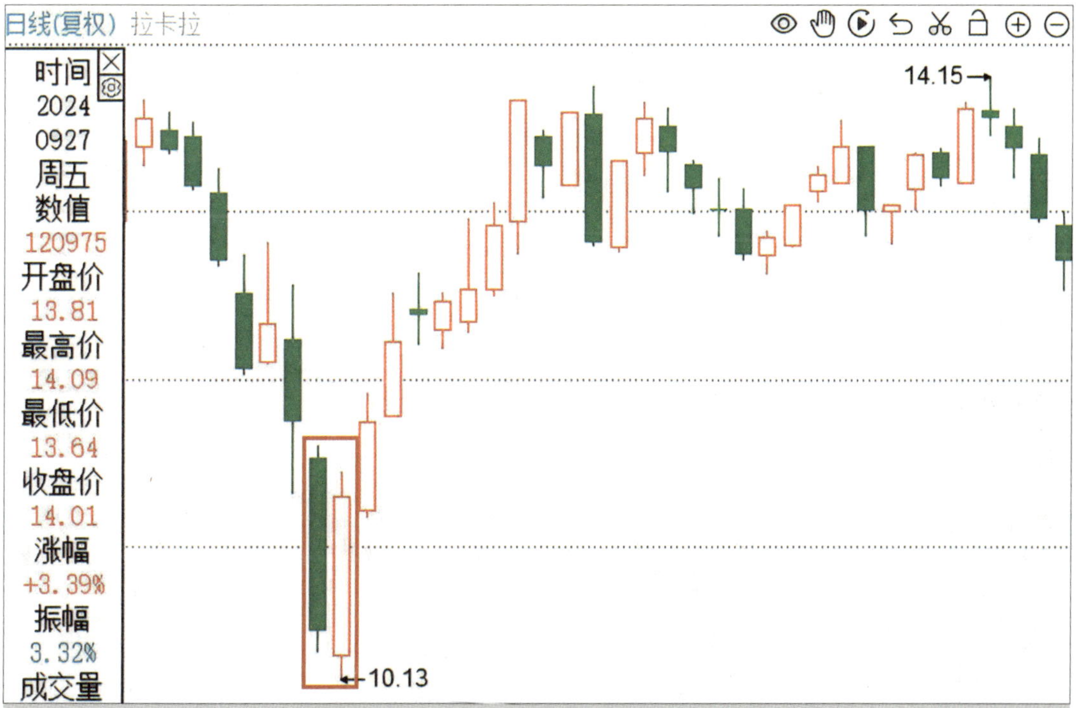
日线(复权) 拉卡拉
时间
2024
0927
周五
数值
120975
开盘价
13.81
最高价
14.09
最低价
13.64
收盘价
14.01
涨幅
+3.39%
振幅
3.32%
成交量
14.15
10.13

图 1-28　底部两日反转 K 线案例 14

（二）顶部两日反转 K 线

股价在上升的趋势中，某日该股股价大幅扳升，并以全日的最高价（接近最高价）收市，可是翌日股价以昨日的收市价开盘后，全日价格不断下跌，把昨日的升幅完全跌去，而且可能是以昨日的最低价收市，这种走势的 K 线就被称为“顶部两日反转 K 线”，如图 1-29 至图 1-40 所示。

图 1-29　顶部两日反转 K 线案例 1

图 1-30　顶部两日反转 K 线案例 2

日线(复权) 智微智能
时间
2023
0420
周四
数值
384118
开盘价
27.43
最高价
28.63
最低价
27.12
收盘价
27.78
涨幅
+2.62%
振幅
5.58%
成交量
34.73
23.84

图 1-31　顶部两日反转 K 线案例 3

日线(复权) 播恩集团
时间
2024
0927
周五
数值
10.93
开盘价
10.40
最高价
10.70
最低价
10.40
收盘价
10.70
涨幅
+3.58%
振幅
2.90%
成交量
17.36
10.18

图 1-32　顶部两日反转 K 线案例 4

日线(复权) 铂科新材
时间
2024
0927
周五
数值
43518
开盘价
39.29
最高价
41.00
最低价
39.29
收盘价
40.65
涨幅
+3.62%
振幅
4.36%
成交量
49.66
31.93

图 1-33 顶部两日反转 K 线案例 5

日线(复权) 国林科技
时间
2024
0122
周一
数值
6775
开盘价
16.02
最高价
16.18
最低价
15.05
收盘价
15.22
涨幅
-4.93%
振幅
7.06%
成交量
23.80
15.05

图 1-34 顶部两日反转 K 线案例 6

日线(复权) 斯迪克
时间
2024
0927
周五
数值
168079
开盘价
10.27
最高价
10.59
最低价
10.13
收盘价
10.58
涨幅
+4.34%
振幅
4.54%
成交量
28.07
15.12

图 1-35　顶部两日反转 K 线案例 7

日线(复权) 水羊股份
时间
2024
0927
周五
数值
13.96
开盘价
11.57
最高价
12.07
最低价
11.46
收盘价
12.04
涨幅
+6.17%
振幅
5.38%
成交量
18.61
13.22

图 1-36　顶部两日反转 K 线案例 8

日线(复权) 引力传媒
时间
2024
0927
周五
数值
394986
开盘价
12.83
最高价
12.89
最低价
12.60
收盘价
12.80
涨幅
+1.11%
振幅
2.29%
成交量
29.16
10.25

图 1-37 顶部两日反转 K 线案例 9

日线(复权) 福斯特
时间
2024
0927
周五
数值
42.32
开盘价
15.10
最高价
16.03
最低价
15.08
收盘价
15.88
涨幅
+7.08%
振幅
6.41%
成交量
47.35
29.21

图 1-38 顶部两日反转 K 线案例 10

日线(复权) 恒锋信息
时间
2024
0927
周五
数值
11.53
开盘价
10.82
最高价
11.27
最低价
10.71
收盘价
11.25
涨幅
+3.31%
振幅
5.14%
成交量
22.40
12.00

图 1-39　顶部两日反转 K 线案例 11

日线(复权) 值得买
39.07
时间
2023
0706
周四
数值
112232
开盘价
25.11
24.52

图 1-40　顶部两日反转 K 线案例 12

三、要点提示

当出现单日反转 K 线时，当日股价一两个小时内的波幅可能较平时三四个交易日的波幅更大。顶部单日反转时，股价开盘价较上个交易日可能会高出许多，但很快形势就会逆转过来，价格迅速向反方向移动，最后这一天的收市价和上个交易日相比几无变化。底部单日反转情形则是完全相反。

单日反转当天，成交量突然大增，价位的波动幅度也很大，两者较平时都明显增大。如果成交量不高或全日价格波幅不大，形态就不能确认。

单日反转一般发生在临收市前 15 分钟，交投突然大增，价格迅速朝反方向移动。

两日反转的成交和价位、两天的波幅同样巨大。顶部两日反转是第二个交易日把前一个交易日的升幅完全跌去，而底部两日反转则是第二个交易日完全升回前一个交易日的跌幅。

单日反转 K 线答疑

1. 出现单日反转 K 线的话，还需要等底分型和顶分型出现吗?

不需要。

2. 如果单日反转 K 线出现后涨了几天又跌破反转 K 线，就不能再关注了吗?

单日反转 K 线的最低价就是止损保护位，破了就是失败了。

02 第二章

均线

第一节 移动平均线

一、均线的定义

移动平均线（Moving Average），简称“均线”或“MA”，是用统计分析的方法，将一定时期内的证券价格（指数）加以平均，并把不同时间的平均值连接起来，形成一根 MA，用以观察证券价格变动趋势的一种技术指标。均线具有一定的计算周期，因此达到一定时期后才开始计算，此前为空白，在 K 线图上展示为断头线，如图 2-1 所示。

图 2-1 均线断头

二、均线的特点

追踪趋势性：从计算方法可以看出，均线在一定程度上过滤了偶然因素带来的影响，使得投资者可以看清行情的大致趋势；由于平均线能够表示股价运动的基本趋势，投资者可以通过移动平均线认清价格的趋势方向，并追随这个趋势。

稳定性：移动平均线不会像日线那样大起大落，而是起落得相当平稳。向上的平均线经常是缓缓向上，向下的平均线也是如此。要改变平均线的运动趋势并不容易，必须得是当天的价格有很大的变动才可以。

安全性：通常越是长期的平均线，越能表现出安全的特性，即移动平均线不会轻易地向上向下，必须等趋势明朗后，平均线才会真正改变方向。经常是股价回落之初，平均线却是向上的，等到市场跌势显著时，才见平均线走下坡，这是平均线的最大特点。越是短期的平均线，安全性越差；越是长期的平均线，安全性越好，但也因此而显得反应迟钝。

滞后性：移动平均线存在一定的滞后效应，经常股价刚开始回落时，移动平均线却还是向上的，等股价跌落显著时，移动平均线才会走下坡，这会导致实际获利空间缩小；为弥补这个缺陷，可以设置多条不同计算天数的移动平均线，并将长短期均线或分时均线配合起来使用，以便从不同周期了解股价的总体运行趋势。

三、金叉和死叉

计算时期不同，分子所占权重就不同，计算时期越短，分子所占权重越大，对均线值的影响就越大，所以同一只股票的不同周期的均线，永远是短期的变化幅度比长期的变化幅度大。当股价上行时，短期均线上穿长期均线，是利好，这个交叉点就被称为“金叉”；当股价下行时，短期均线下穿长期均线，是利空，这个交叉点就被称为“死叉”。周期越长的均线起伏越小，周期越短的均线起伏越大。

四、利用均线指标选股

均线对股价起到了助涨助跌的作用，当股价突破均线时，均线起支撑作用；当股价跌破均线时，均线起到的就是压制作用。所以我们经常听到一句话：“某某股票均线多头向上，可以买了。”确实如此，当股票均线汇聚，开始多头向上时，所有均线都起到了支撑作用，股价当然大概率会上涨。

均线多头形态通常是短期均线金叉长期均线，按照均线周期的长短从下往上依次排列，整体呈现出向上攀爬的态势，如图 2-2 所示。

图 2-2 均线多头形态

第二节 其他常用量价变动指标

一、成交量指标

1. 成交量 (VOL) 指标

股市中的成交量是指股票或者大盘当日成交量的总手数。

成交量指标一般用柱状图来表示，纵坐标表示成交量，横坐标表示时间。在默认设置下，若当天收盘价高于当天开盘价，成交柱呈红色；反之，成交柱呈绿色。即在默认设置下，成交量柱状图的颜色和 K 线颜色保持一致，如图 2-3 所示。

图 2-3 成交量指标和均量线指标

2. 均量线 (MAVOL) 指标

均量线（MAVOL）是指将一定时期内的成交量相加后平均，在成交量的柱状图中形成较为平滑的曲线，是反映一定时期内市场平均成交情况的技术指标。

累加 n 天成交量，除以 n 天，即得均量线指标；因为指标组的前 $n-1$ 天不够计算均线指标，所以表现为断头均量线，如图 2-4 所示。

图 2-4 周期均量线起始

和移动平均线一样，周期越长的均量线起伏越小，周期越短的均量线起伏越大。

二、成交额指标

图 2-5 成交额柱状图和成交额均线

股市中的成交额是指股票或者大盘当日成交的总金额。

和成交量一样，成交额也用柱状图来表示，纵坐标表示成交额，横坐标表示时间。默认设置下，若当天收盘价高于当天开盘价，成交额柱状图呈红色；反之，成交额柱状图呈绿色。即在默认设置下，成交额柱状图的颜色和 K 线颜色保持一致；且成交额有均线，也是长期成交额均线的起伏小于短期成交额均线，如图 2-5 所示。

三、MACD 指标

MACD（Moving Average Convergence and Divergence，指数平滑异同移动平均数）是 Geral Appel 于 1979 年提出的，利用收盘价的短期（常用为 12 日）指数移动平均线与长期(常用为26日)指数移动平均线之间的聚合和分离状况，对买进时机、卖出时机做出研判的技术指标。

MACD 是由双指数移动平均线发展而来的，由快的指数移动平均线（EMA12）减去慢的指数移动平均线（EMA26）得到快线 DIF，再用 2×（快线 DIF − DIF 的 9 日加权移动均线 DEA）得到 MACD 柱。MACD 的意义和双移动平均线基本相同，即由快慢均线的离散、聚合表示当前的多空状态和股价可能的发展变化趋势。当 MACD 从负数转向正数时，是买的信号；当 MACD 从正数转向负数时，是卖的信号。当 MACD 以大角度变化时，表示快的移动平均线和慢的移动平均线的差距非常迅速地拉开，代表了一个市场大趋势的转变。MACD 指标是由两线一柱组合起来的，DIF 为快速线，DEA 为慢速线，柱状图为 MACD。每天的 DIF 值连接起来就形成一条 DIF 线，每天的 DEA 值连接起来就形成一条 DEA 线。DIF 线对当前股价的变动相较 DEA 线反应更灵敏，所以通常称 DIF 线为“快速指标线”，称 DEA 线为“慢速指标线”。

1. 具体计算指标和方法

（1）平滑系数

$$平滑系数=2\div（周期单位数+1）$$

$$12日平滑系数=2\div（12+1）=\frac{2}{13}$$

$$26日平滑系数=2\div（26+1）=\frac{2}{27}$$

（2）指数平均值（EMA）

今天的指数平均值 = 平滑系数 ×（今天收盘指数−昨天的指数平均值）+ 昨天的指数平均值

$$\text{EMA}(12)=\frac{2}{13}\times(\text{今天收盘指数}-\text{昨天的指数平均值})+\text{昨天的指数平均值}$$

$$=\frac{2}{13}\times\text{今天收盘指数}+\frac{11}{13}\times\text{昨天的指数平均值}$$

$$\text{EMA}(26)=\frac{2}{27}\times(\text{今天收盘指数}-\text{昨天的指数平均值})+\text{昨天的指数平均值}$$

$$=\frac{2}{27}\times\text{今天收盘指数}+\frac{25}{27}\times\text{昨天的指数平均值}$$

（3）差离值（DIF）

$$\text{DIF}=\text{EMA}(12)-\text{EMA}(26)$$

$$=\left(\frac{2}{13}\times\text{今天收盘指数}+\frac{11}{13}\times\text{昨天的指数平均值}\right)-\left(\frac{2}{27}\times\text{今天收盘指数}+\frac{25}{27}\times\text{昨天的指数平均值}\right)$$

$$=\frac{28}{351}\times(\text{今天收盘指数}-\text{昨天的指数平均值})$$

所以 DIF 的正负由今天收盘指数和昨天的指数平均值决定。

（4）离差平均值（DEA）

$$\text{今日 DEA}=\left(\text{前一日 DEA}\times\frac{8}{10}+\text{今日 DIF}\times\frac{2}{10}\right)$$

（5）平滑异同移动平均数（MACD）

$$\text{MACD}=(\text{DIF}-\text{DEA})\times 2$$

2. MACD 第一套信号系统：金叉和死叉

DIF 上穿 DEA 为金叉，通常看涨；DIF 下穿 DEA 为死叉，通常看跌。金叉和死叉被称为 MACD 指标的“第一套信号系统”，如图 2-6 所示。

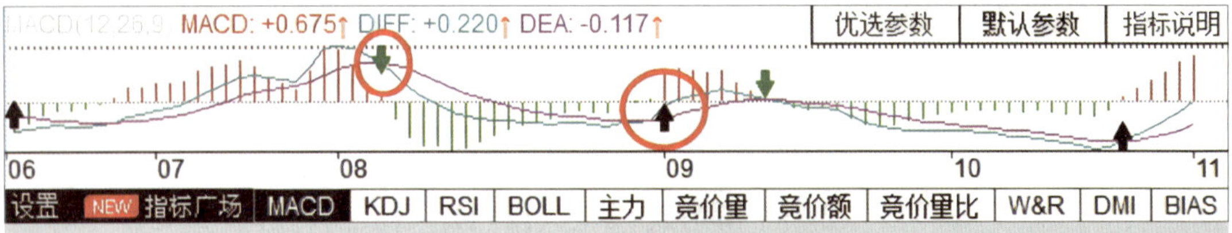

图 2-6 MACD 各项指标和金叉、死叉

指标空头排列时，DEA 线对 DIF 线的向上运行有压制作用，如果受到压制，则股价通常会继续下跌。这种将“金”未“金”的走势，被称为“假金叉”，其意义等同于指标线死叉，为看跌信号，如图 2-7 所示。

日线(复权) 维峰电子 MA5: 30.22↓ MA10: 31.25↓ MA20: 32.46↓ MA30: 33.41↓ MA60: 35.39↓
43.79
29.19
44.60
39.24
33.81
总手: 6619↑ MAVOL5: 7194↑ MAVOL10: 6115↑
55306
27653
设置
成交量
多周期成交量
虚拟成交量
金额
沪深金额
换手率
内盘
外盘
AI立桩成交量
盘后成交量
MACD(12,26,9) MACD: -0.304↑ DIFF: -1.39↑ DEA: -1.24↓
指标说明
+1.09
+0
-1.35
05
06
07
08
09

图 2-7 “假金叉”

日线(复权) 恩威医药 MA5: 22.70↓ MA10: 22.87↓ MA20: 22.35↑ MA30: 22.21↑ MA60: 23.30↓
29.97
20.25
30.51
26.94
23.32
总手: 6805↓ MAVOL5: 6924↓ MAVOL10: 9123↓
31003
15703
设置
成交量
多周期成交量
虚拟成交量
金额
沪深金额
换手率
内盘
外盘
AI立桩成交量
盘后成交量
MACD(12,26,9) MACD: +0.134↓ DIFF: +0.082↓ DEA: +0.015↑
指标说明
+0.927
+0
-1.06
05
06
07
08
09

图 2-8 “假死叉”

指标多头排列时，DEA线对DIF线的向上运行有支撑作用，如果受到支撑，则股价通常会继续上涨。这种将“死”未“死”的走势被称为“假死叉”，其意义等同于指标线“金叉”，为看涨信号，如图2-8所示。

3. MACD第二套信号系统：穿0轴

通常是先出现指标的金叉或死叉之后才会出现DIF线和DEA线的上穿或下穿0轴，且DIF线的上穿和下穿要早于DEA线，即MACD指标第二套信号系统的信号发出要早于第一套信号系统。

4. 应用：金叉看涨，死叉看跌

（1）当DIF和DEA处于0轴的上方时，处于一个多头市场，此时形成的金叉是买入信号，而形成的死叉有可能是卖出信号，也有可能不是，所以这个时候需要结合其他指标来确认趋势。

（2）当DIF和DEA处于0轴下方时，处于一个空头市场，此时形成的死叉则是卖出信号，而此时的金叉也不能说明是买入信号，需要结合其他指标来判断。

03 第三章

筹码

第一节 筹码分布的含义和属性

一、筹码分布的含义

“筹码分布”反映的是不同价位上投资者所持仓的数量，也反映了一只个股所有投资者在全部流通盘上的建仓成本以及持仓量。

如图 3-1 所示，K 线图右侧这个像横着放倒的山峰图就是筹码分布图，纵坐标是价格，由下到上表示价格的逐渐上升，横坐标是数量，表示数量的多少。每一条横线都代表在这个价位上成交的股票数量，横线的长短表示这个价位的成交量或持仓量的多少，横线的高低表示成交价格或持仓成本的高低。一条条代表成交价格和数量的横线叠加在一起就形成了筹码分布图。

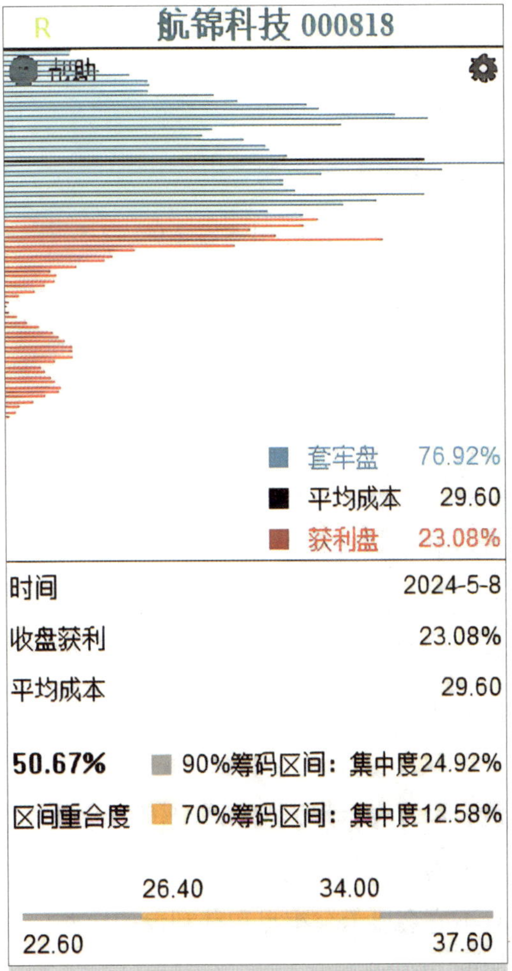

图 3-1 筹码分布

但筹码有上限阈值，即某一价格成交或持有数量达到某一阈值上限后，即使成交量继续增加，这根线的长度也不再增加，当这个价位的筹码逐渐减少但总量尚未降低到上限阈值之下，则筹码虽有减少，但这个价位的筹码线的长度不会变短。超出上限阈值之外的筹码被称为“隐性筹码”。

某日筹码分布记录某个价位产生的成交量，如在 10 元成交了 1 万手，在 15 元成交了 2 万手，筹码记录显示当前持仓 16 元成交了 1 万手，如图 3-2 所示。

次日发生成交变化，10 元持仓卖出 5000 手，在 11 元买入 5000 手，筹码分布记录如图 3-3 所示。

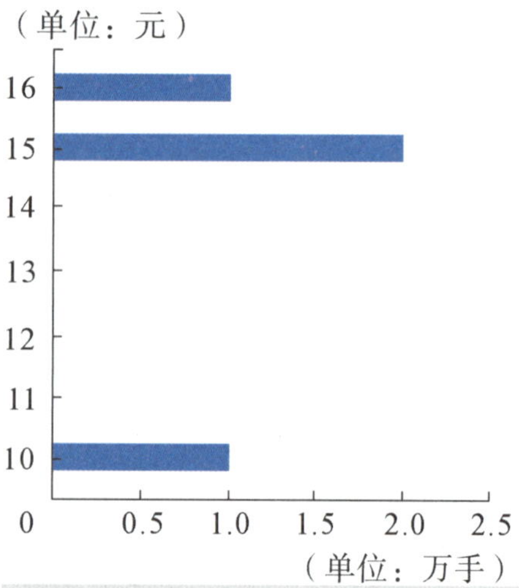

图 3-2 某日筹码分布情况

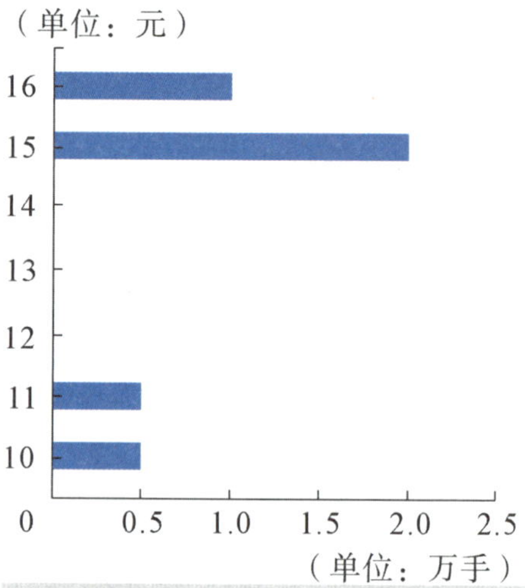

图 3-3 次日筹码分布情况

可以看出，因为筹码分布实时反映股票的买卖价格和持仓占比，而数据是交易所的真实数据，所以筹码分布记录的是真实的成交数据。

我们只要能够解读背后的主力资金变化，就能发现主力的建仓和出货信号，从而跟着主力上车和下车，实现低买高卖。

成交价在市场价以下的筹码用红色表示，表示获利盘，成交价在市场价以上的筹码用蓝色表示，表示套牢盘，且下方会显示套牢盘和获利盘的比例，如图 3-4 所示。

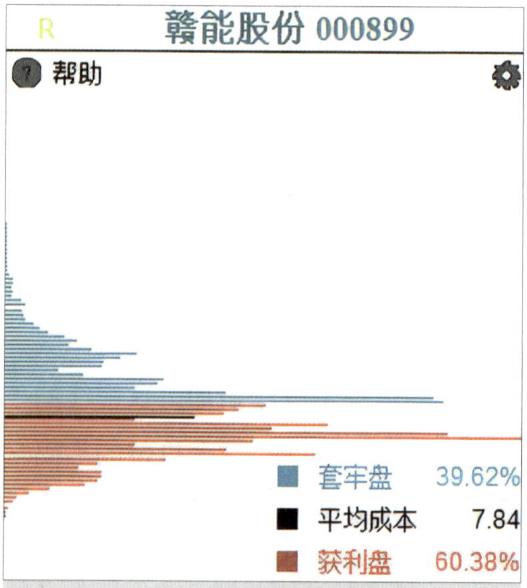

图 3-4 筹码分布之获利盘和套牢盘

筹码分析即成本分析，由于流通盘是固定的，无论流通筹码在盘中如何分布，累计量必然等于总流通盘。

二、筹码分布的四个属性

筹码的价位属性。筹码的成交价位会在筹码的统计当中体现出来。

筹码的数量属性。在某一价位交易了多少，用筹码来统计就是百分比。在行情分析软件里用水平线条或火焰山体现，与成交量和换手率相似，但成交量和换手率只体现统计周期内的股票交易数量，不体现价位。

筹码的流动属性。在一只股票“实际”流通股本不变的情况下，因为每个交易日都产生交易和股价波动，筹码自然会发生流动，所以我们在观察筹码时，要移动鼠标来观察筹码的各种变化和形态，从而得出分析结论。在我们使用筹码这个技术指标时，要进行动态观察，而不能静止不动。

筹码的扩容属性。一家上市公司在经营和分配利润的过程中，股本扩容会经常发生，有些股本自然会流入二级市场进行交易，这样筹码总量就会增加，就会有新的形态变化。另外，由于股改后大小非减持的特殊性（通过个股的信息地雷可以获知这方面的信息），实际流通的股本也自然发生改变。上面这些情况，都可以通过观察其他价位区间的筹码百分比减小但总体形态不变，新出现了一定区间的筹码而体现出来。

第二节 筹码分布的形态和价值

一、筹码分布形态

筹码分布图中的形态分为密集形态与发散形态，当一只股票在某一个价位上下停留的时间比较长，并形成了较大的成交量时，在这一价格区间会聚集所有的筹码，形成一个“山峰”的形态，称为“筹码密集峰”，具体的形态如图 3-5 所示；否则为筹码发散形态，如图 3-6 所示。

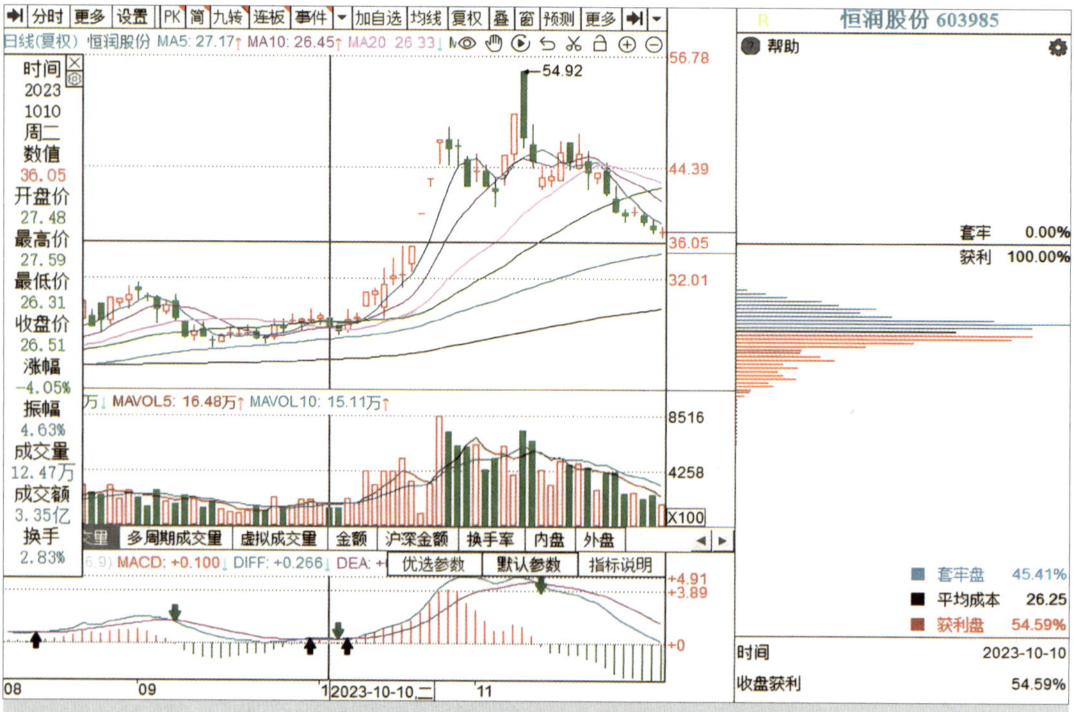

图 3-5 恒润股份 2023 年 10 月 10 日筹码分布之筹码密集形态

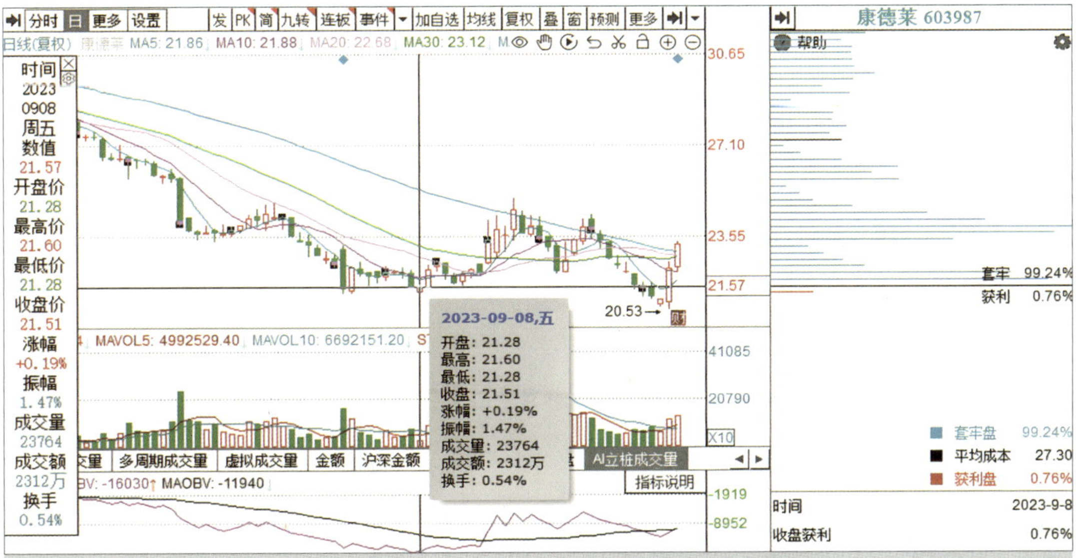

图 3-6 康德莱 2023 年 9 月 8 日筹码分布之筹码发散形态

二、主力峰与散户峰的区别

位置：中线主力建仓峰在底部或盘整区域，短线主力在拉升过程。

筹码集中度：主力峰一般筹码集中度较低，区别于散户峰极高的筹码集中度。

峰形：主力峰一般为顶格峰，散户峰一般不是顶格峰。

价格带：主力峰的价格带一般较窄，散户峰的价格带往往较宽。

周期：散户峰一般都是在 5 周期、10 周期内进入筹码，当然，短线主力峰也是短周期进入筹码；但中线主力峰、机构主力峰会见到 100 周期左右的筹码。

峰后接盘：当量能见顶后，如果散户接盘峰出现，则其后不经过充分整理或下跌，重新形成主力建仓格局，一般都是散户峰。主力会接主力的筹码，但不会直接接散户的筹码，除非充分洗盘。

三、筹码峰的形态

1. 建仓峰

（1）建仓峰的特点

建仓峰一般只会在底部或者盘整区域出现，并具有以下特点。

①位置：一般在底部或者盘整区域产生，拉升中途可能有换庄，短线主力接力底部主力形成新的建仓峰。

②颜色：底部和盘整区域启动的往往都是 60 周期或更长周期形成的主力建仓信号。

③峰形：一般是尖峰，底部较窄；一般也都是顶格峰（从左顶到最后，占满筹码峰格子）。

④锁定：建仓峰不会随着 K 线移动而变化，变动说明没有锁仓，或者不是主力，或者需要洗盘。

建仓峰的走势如图 3-7 所示。

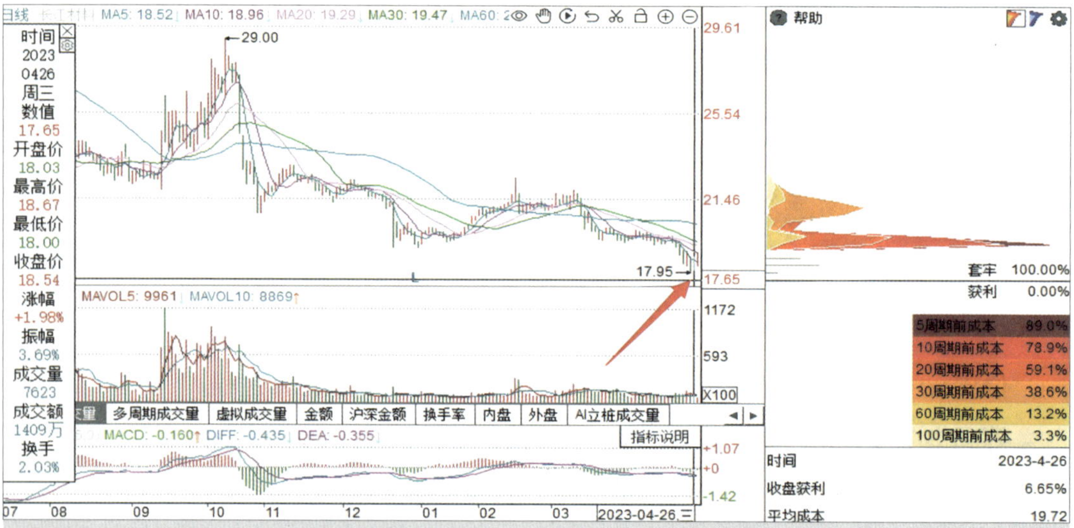

图 3-7　2023 年 4 月 26 日长江材料形成了建仓峰

（2）建仓峰的确认

建仓峰确认时，需要重点研判两个标准：位置、锁定。

主力资金不会在高位买入股票，高位出现的最多是接力峰（后面有描述）。

主力做股票和散户是相反的：低买高卖。所谓“地量见地价，天量见天价”，地量的时候，散户往往不敢买，而是主力资金买入之时；天量的时候，散户抢着进场，正好是主力出货之时。这是由人性决定的，历史总是在不断重演。要想做好股票，必须克服人性弱点，采取和主力资金同样的操作方式。

锁仓：是指筹码峰从某一条 K 线开始，其形状大致不变。如果是建仓峰锁定，则意味着主力资金已经完成建仓。

2. 洗盘峰

洗盘峰是指主力建仓峰以外的筹码峰。主力建仓峰锁仓后，上下可能都有浮筹，需要清理，如果不作清理，在拉升过程中给下上筹码松动都会形成大的抛压。一般来说，短周期的筹码更需要清理，是新进资金，而浅色长期的筹码只要稳固，就无须清理。主力不怕有人低位介入，怕的是拉升过程中卖出，因为主力没有无限资金接盘。洗盘峰一般产生在建仓峰锁定之后，从筹码峰的火焰图上可以看到，最高的浅黄色筹码峰锁仓不动，但是底部产生、消失一些深色的短线筹码峰，或者在建仓峰底部附近产生一些新的峰值，这些就是洗盘的特征，如图 3-8 所示。

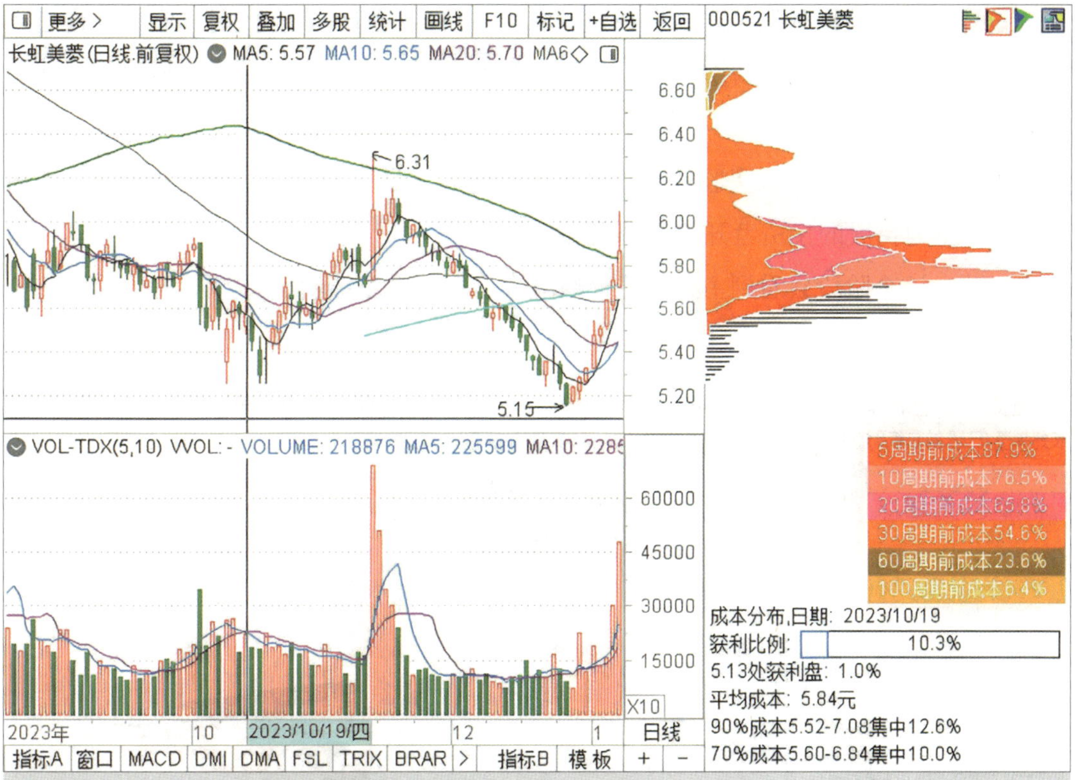

图 3-8　2023 年 10 月 19 日长虹美菱洗盘峰

洗盘完毕，是介入的最好时机。

洗盘后，上下浮筹都基本清理干净。主力就可以开始拉升发力。这样，在拉升高位，就不会有大量的浮筹抛售，造成主力承接压力，甚至无法承接的情况。

主力资金往往是有成本的，锁仓一个阶段后，没有足够的高度是不能实现良好的资金效率的。主力资金需要精打细算地详细策划，如果拉升中途有抛压，会产生致命影响，导致主力亏损。所以在拉升前，必然有详细的计划，以确保拉升开始且没有抛压，否则主力没有足够的资金承接，就会导致操盘失败。

洗盘完毕的标志：

①主力锁仓；

②上下无浮筹，筹码锁定；

③筹码峰多头排列；

④主力发出启动信号。

3. 拉升峰

拉升峰是指股票开始拉升之后在建仓峰上方形成的筹码峰。此时，股票往往进入快速上升阶段，大量跟风资金涌入，往往有利好刺激，或者个股在热点板块中，或者大盘进入牛市阶段。

主力一般不会在高位买股票，此时上方的筹码就是主力资金开始逐步出货，或者底部跟随主力持股的投资者开始获利卖出。

一般在这个阶段会看到主力的建仓峰减少，但此时不能卖出，如图 3-9 所示。

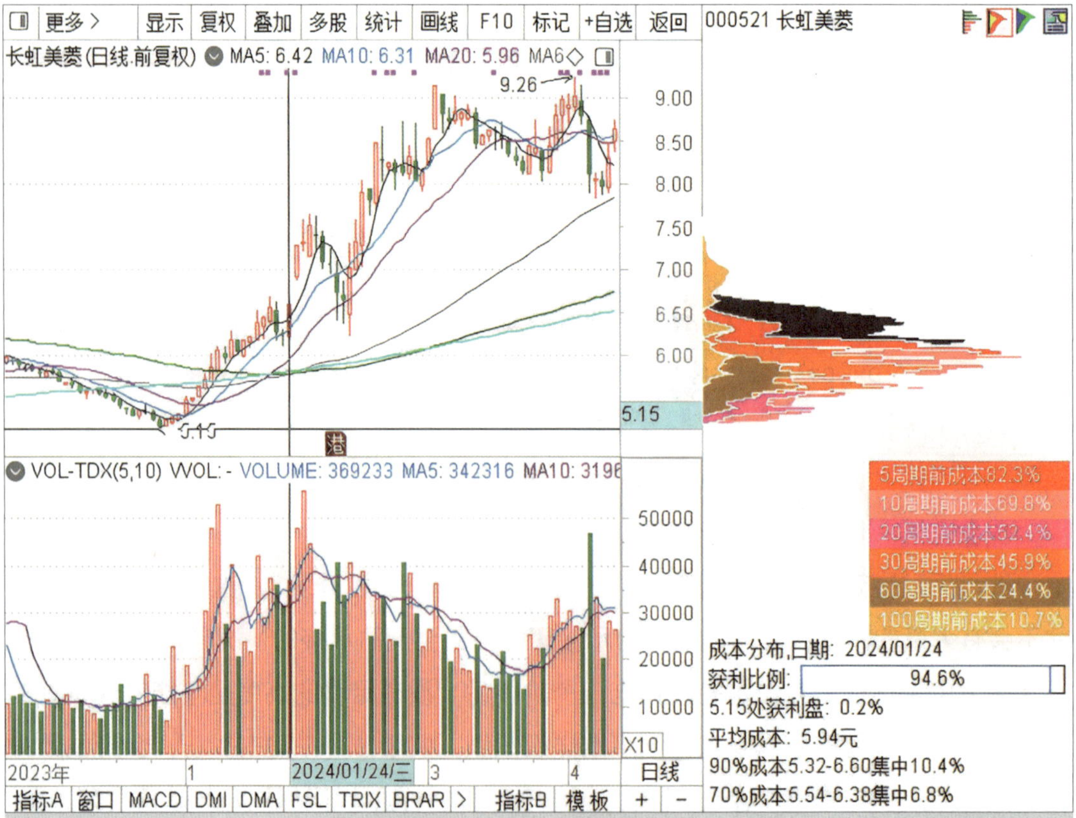

图 3-9　2024 年 1 月 24 日长虹美菱拉升峰

在拉升过程中主力会在一定阶段开始出货，与出货峰相比，此时主力减仓不明显。拉升阶段，如果主力尚未出货，可以尽早介入，但不宜在拉升高位参与，因为如果意外发生，主力可能会在高位快速出货，存在大阴线出货甚至跌停出货的可能，如图 3-10 所示。

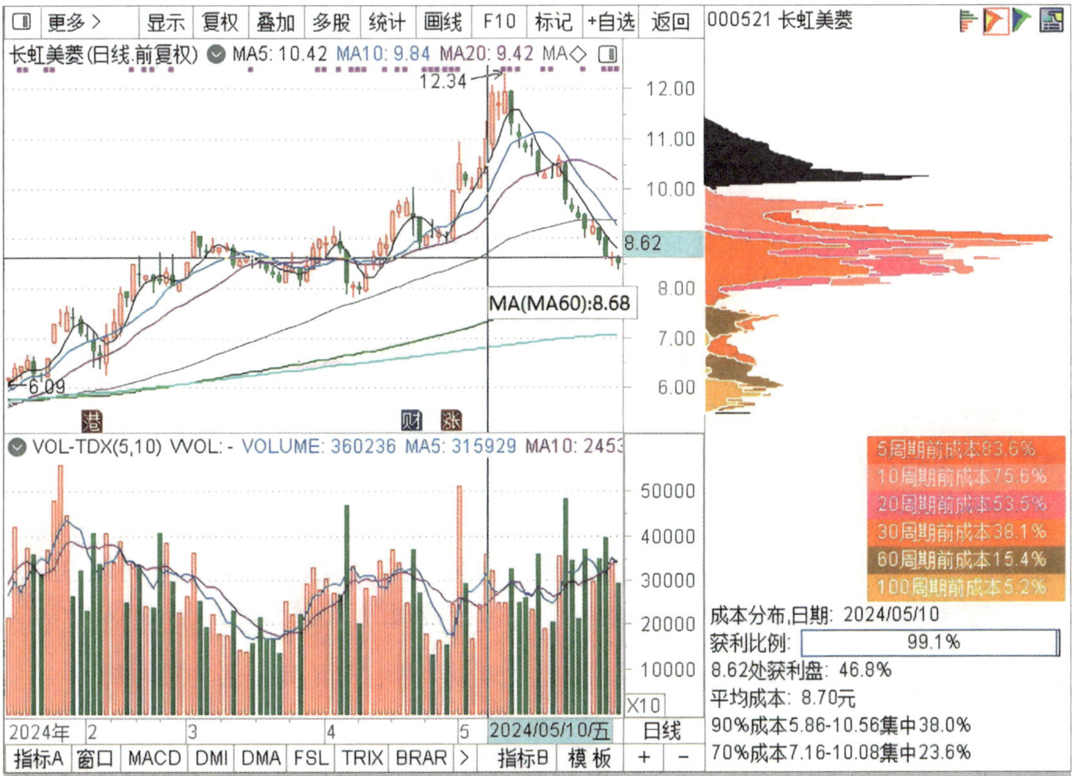

图 3-10　2024 年 5 月 10 日长虹美菱出货峰

要等主力资金出货卖出，否则容易丧失拉升最快的一个阶段。

4. 出货峰

主力的建仓峰筹码减少，而顶部开始出现超过底部筹码峰的峰值，这就是出货峰的标志。

出货峰存在明显的主力建仓峰消失的情况。一般来说，出货峰底部较窄，往往在中途形成多个筹码峰，而底部较宽，没有明显的规律，符合散户特征。如果出现较窄的底部，同时筹码集中度收缩，要考虑是接力峰出现的可能。

出货峰超过建仓峰，意味着股价进入高位，此时不能再考虑买入，但也不宜提早卖出，应持股等卖点信号。

如果是热门个股，或者连板的股票，成交量也开始明显放大，但往往拉升速度很快，这也是产生超额收益的阶段。

原则：看到出货峰后，不能买入，只能持股等卖点，也不要加仓，要等止盈信号。

看到出货峰产生，主力筹码明显减少，遇到以下几种情况时，跌破止盈保护线卖出：①有较大利空冲击；②大盘意外大跌，市场情绪很差；③介入位置过高，导致没有浮盈抵抗冲击，或者出现其他应该卖出的情况，卖出后观察，再次产生买点后买入。

5. 接力峰

接力峰是一种特殊的情况，不是每次过程必有的。从形态上看，接力峰和出货峰没有本质的区别，但很多时候出货峰是底部较宽的形状。而接力峰的形状和建仓峰相类似，都是底部较窄的尖峰，但颜色是 5 周期、10 周期内的深色筹码，发生这种情况，一般意味着新的短线资金进入，底部主力完成出货；或者是底部主力改变意图，利用热点效应重新发力吸筹拉升，相对来说，这个可能性要小一些。

接力峰形成时，股价在某个位置简单整理后，继续大幅上行拉升，一般不会有大的回调。接力的时候，峰形和建仓峰相类似。同时，主力出货给散户，筹码集中度会扩大（散户行为散乱，无法集中筹码）；主力出货给主力，筹码集中度会降低，或者维持不变，或者只有轻度变化。可以通过这个辅助判断，来确定是否为接力峰。

6. 接盘峰

主力资金完成出货，顶部筹码高位集中，形成一个或多个底部较宽的峰值，标志着主力资金完成出货，此时的筹码峰称为“接盘峰”，也很可能成为后面的“套牢峰”。此时务必不能买入。

7. 套牢峰

主力资金出货之后，没有主力的股票，价格很难再创新高。随着盘整或者下跌，接盘的资金开始慌乱，部分先知先觉的资金开始卖出，导致没有承接的股价很容易大幅下挫。当股价跌破筹码峰峰谷时，上方筹码峰的资金全部套牢，上方筹码峰称为“套牢峰”，套牢峰就是接盘峰演变而成的。当然，有些情况是在下跌过程中不断进入的抄底资金，但在抛压大的情况下，无法扭转走势，导致全部被套。在股价下跌或盘整过程中，主力资金没有进入，甚至可能是公募等机构资金提前进入，但未能改变股价走势，成为套牢盘，形成的筹码峰也是套牢峰。

套牢峰形成，会对股价走势产生巨大的抛压。套牢筹码在反弹时会卖出，以减少损失；在下跌时也会不断卖出止损。所以，如果股价上方有大量套牢峰的股票是不能买入的。短线见到天量见顶的股票，就会形成热点，也是散户参与较多的个股，筹码峰往往会形成较宽的底部，说明价格区间较大。

四、筹码的价值

在所有技术指标中，筹码是唯一能同时关联量价的指标。并且筹码的数据是交易所的数据，是真实的成交数据。要做好股票，必然要精通筹码指标。

1. 买入价值

由于主力资金属于大资金，建仓和出货都无法隐藏成交，通过筹码峰的变化，可以很好地找到主力建仓的痕迹，从而跟上主力节奏及时上车。

2. 逃顶价值

股价拉升到一定阶段，主力资金会在其他跟风盘的掩护下大量抛货，但是由于主力资金量大，一定会通过筹码峰的变化体现出来，观察筹码峰时可以紧跟主力，及时出货，以保证获利、避免损失。

第三节 筹码形态变化

一、筹码形态变化

由于筹码具有流动性，筹码形态会随时间的变化而呈现出不同的变化。

接下来介绍筹码从发散到集中的一种情况——吸筹。

图 3-11 2022 年 5 月 9 日大连电瓷筹码分布

如图 3-11 所示，图中鼠标定位的时间点是 2022 年 5 月 9 日，当时大连电瓷的筹码形态是典型的发散状态，筹码最低位在 25 元左右，筹码最高位在 56 元左右，整个筹码分布图中有多个筹码峰，并且大部分持仓筹码都处于被套牢状态。

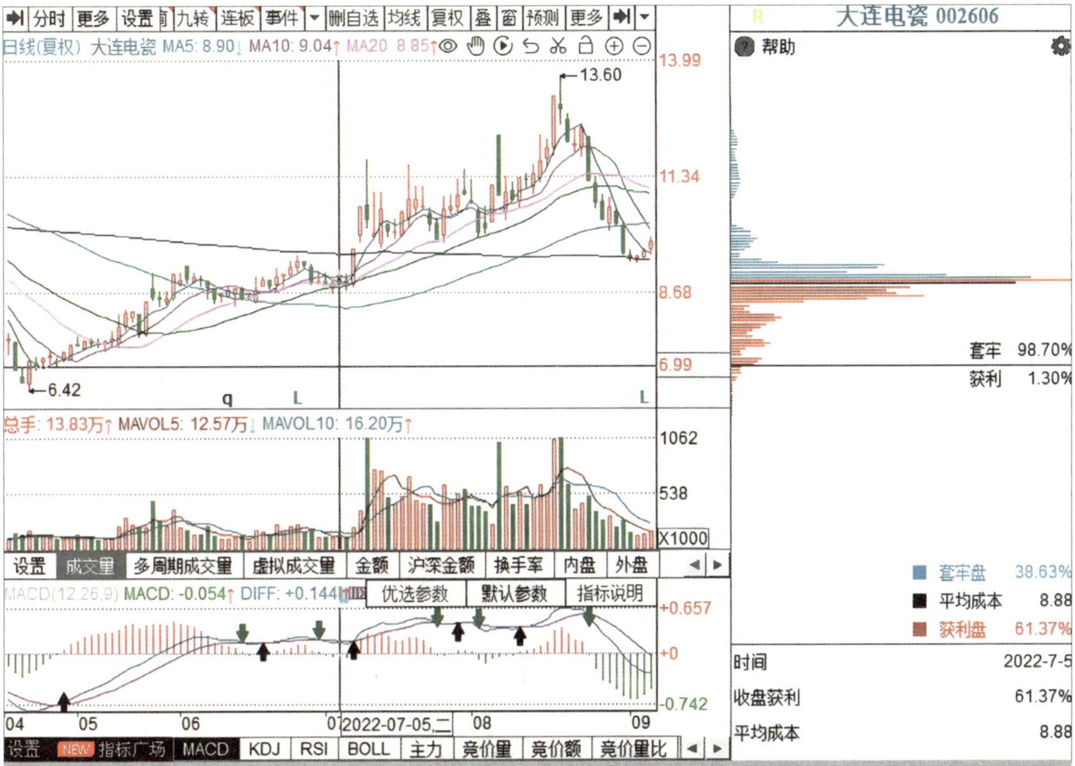

图 3-12　2022 年 7 月 5 日大连电瓷筹码分布

如图 3-12 所示，还是大连电瓷这只股票，而这次我们把鼠标定位时间点放在了 2022 年 7 月 5 日。这时的筹码状态已经是高度密集状态，筹码最密集区的价格在 37 元左右。

因此，我们可以了解到，在这两个月的过程中，虽然大盘持续下跌，但该股却一直不再创新低，是因为有主力入场吸筹，经过两个月的时间，让高位 38~40 元的套牢筹码割肉出局，也让低位 33 元以下的获利筹码获利卖出，最终将绝大多数的持仓成本集中在了 33~38 元。同样，主力成本也必然在这个区间。

这种从发散到集中的过程，其实就是筹码从散乱的由不同持有者在不同持仓成本区间持有的状态，转化为相对少数人在相对狭小的价格空间内集中持有的状态。这也是主力吸筹的过程。而在主力完成吸筹、筹码达到高度集中后，股价会择机向上拉升，又开始另一个新的主力操作阶段。

主力在拉升阶段，股价不断攀升，低位筹码峰逐渐减小，高位筹码峰逐渐形成，且成交量放大，主力在此过程中逐渐释放筹码，完成出货并盈利。如图 3-13 所示，主力通过 2022 年 5 月至 7 月两个多月的吸筹后，在其后的一个月内将大连电瓷的股价拉到了 55 元附近，此时整个盘面的平均持仓成本已经到了 47 元，基本所有持有者都实现了账面盈利，主力在上升过程中完成出货，达到盈利的目的。

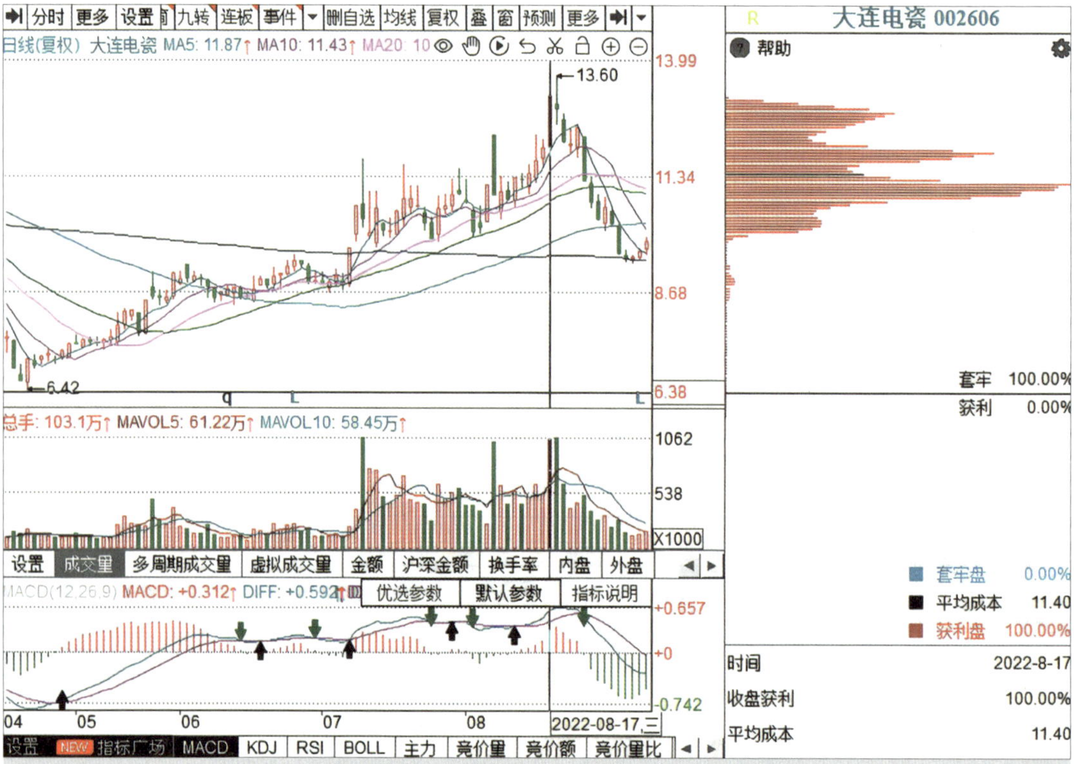

图 3-13　2022 年 8 月 17 日大连电瓷筹码分布

二、筹码流动观察指标 —— 火焰图

前文说过筹码具有流动性，为了方便观察不同时期的筹码分布和持仓成本状况，需要了解一定周期内的筹码流动情况，于是在筹码分布图的基础上增加了火焰图，不同周期用不同颜色的色块表示，色块越红周期越短，色块越黄周期越长。并且，由于当期成交情况对短期筹码均值影响较大（均线同理），短期筹码分布变化更快，往往带宽更窄、峰值更高，表现为短周期火焰图在下层、长周期火焰图在上层。柱状图一般表示当期筹码分布情况，周期对应的则是相应的 K 线级别，如图 3-14 所示。

一般主力资金都会在 60~100 周期，10 周期内进入的都是短线资金，只会跟风，不容易启动大行情。

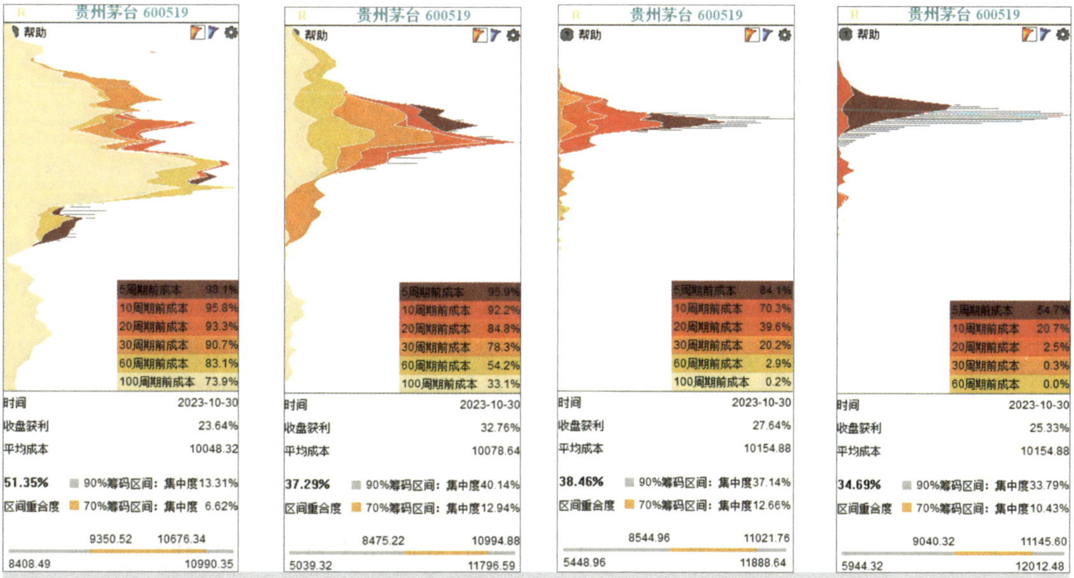
贵州茅台 600519
帮助
5周期前成本 93.1%
10周期前成本 95.8%
20周期前成本 93.3%
30周期前成本 90.7%
60周期前成本 83.1%
100周期前成本 73.9%
时间 2023-10-30
收盘获利 23.64%
平均成本 10048.32
51.35%
区间重合度
90%筹码区间：集中度13.31%
70%筹码区间：集中度 6.62%
9350.52 10676.34
8408.49 10990.35
贵州茅台 600519
帮助
5周期前成本 95.9%
10周期前成本 92.2%
20周期前成本 84.8%
30周期前成本 78.3%
60周期前成本 54.2%
100周期前成本 33.1%
时间 2023-10-30
收盘获利 32.76%
平均成本 10078.64
37.29%
区间重合度
90%筹码区间：集中度40.14%
70%筹码区间：集中度12.94%
8475.22 10994.88
5039.32 11796.59
贵州茅台 600519
帮助
5周期前成本 84.1%
10周期前成本 70.3%
20周期前成本 39.6%
30周期前成本 20.2%
60周期前成本 2.9%
100周期前成本 0.2%
时间 2023-10-30
收盘获利 27.64%
平均成本 10154.88
38.46%
区间重合度
90%筹码区间：集中度37.14%
70%筹码区间：集中度12.66%
8544.96 11021.76
5448.96 11888.64
贵州茅台 600519
帮助
5周期前成本 54.7%
10周期前成本 20.7%
20周期前成本 2.5%
30周期前成本 0.3%
60周期前成本 0.0%
时间 2023-10-30
收盘获利 25.33%
平均成本 10154.88
34.69%
区间重合度
90%筹码区间：集中度33.79%
70%筹码区间：集中度10.43%
9040.32 11145.60
5944.32 12012.48

图 3-14　2023 年 10 月 30 日贵州茅台日线、周线、月线、季线级别火焰图

第四节 筹码集中度

一、筹码集中度

筹码集中度，是指某只股票处于最居中的一定比例的筹码集中程度。90% 的成本集中度表示在整个筹码中，去掉上方 5% 的筹码和下方 5% 的筹码，中间 90% 的筹码最高价为 A_1、最低价为 B_1，那么这中间 90% 的筹码集中度的计算公式为 $\frac{A_1-B_1}{A_1+B_1}$。70% 的筹码集中度则表示在整个筹码中，去掉上方 15% 的筹码和下方 15% 的筹码，中间 70% 的最高价为 A_2，最低价为 B_2，那么这中间 70% 筹码的集中度的值为 $\frac{A_2-B_2}{A_2+B_2}$。相对而言，分子越大，高低价相差越大，筹码集中度的值就越大，筹码越分散；分子越小，高低价相差越小，筹码集中度的值越小，筹码就越集中。通过不同比例的筹码集中度能更好地了解筹码的分布区间，如图 3-15 所示。

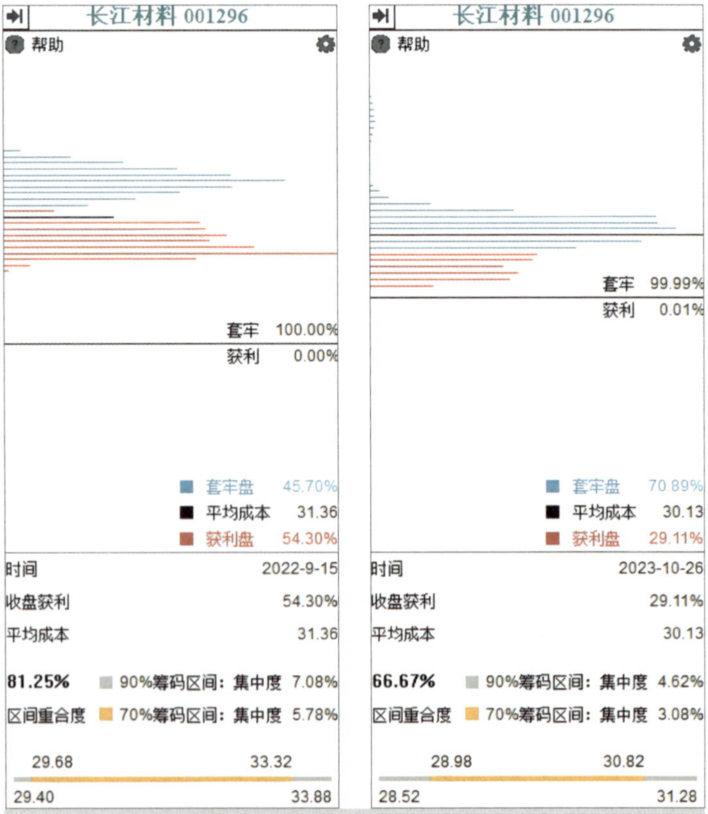

图 3-15 2022 年 9 月 15 日和 2023 年 10 月 26 日长江材料的筹码集中度

如果主力出货给主力，筹码集中度不会有显著变化，甚至会降低。如果主力出货给散户，筹码集中度会变大。筹码在主力之间转移，筹码集中度变小，或者不变。筹码在散户之间转移，筹码集中度比较乱，这个过程往往在高位，筹码集中度很大。筹码从散户移交给主力，往往在低位，筹码集中度变小。

一般筹码集中度超过 30% 时，就需要注意，因为此时筹码已经比较分散。如果筹码集中度超过 50%，且股价处于高位，一定要注意，不小心就会被套在高位。

二、筹码区间重合度

如上所述，中间 90% 的筹码是完全涵盖中间 70% 的筹码的，那么 70% 的筹码和 90% 的筹码之间的重合度为多少呢？这里采用筹码区间重合度来计算表示，计算公式为 $\frac{A_2-B_2}{A_1-B_1}$ 。筹码区间重合度数值越大，重合度越高，重合度达到 50%~70%，则说明大资金已经开始控盘；高于 70% 以上，则表示主力已高度控盘。

第五节 筹码峰的九种变化形态

一、筹码峰第一形态：放量突破低位单峰密集

放量突破低位形成的单个密集筹码峰通常是一轮上升行情的征兆（见图 3-16）。

图 3-16　2023 年 10 月 19 日华丽家族放量突破低位单峰密集

最好的筹码形态就是底部单峰密集，高位的套牢盘都在底部换手。大部分筹码都集中于底部，大资金将股价拉起后，所有筹码都是获利盘，抛压很小。

1. 看图要点

（1）股价经过较长时间的整理之后，移动成本分布在低位并形成单峰密集。

（2）股价放量突破单峰密集。

2. 操盘要点

股价放量突破单峰密集，投资者可以积极介入，一轮上涨行情的充分条件是移动成本分布形成低位峰密集。单峰的密集程度越大，筹码换手越充分，上攻的力度越大。

二、筹码峰第二形态：上峰消失，低位形成新单峰密集

处于高位的筹码峰消失，同时在低位形成新的单个密集筹码峰，意味着股价已见底，后续大概率会企稳上升，即上峰消失的低位单峰密集意味着见底企稳（见图 3-17）。

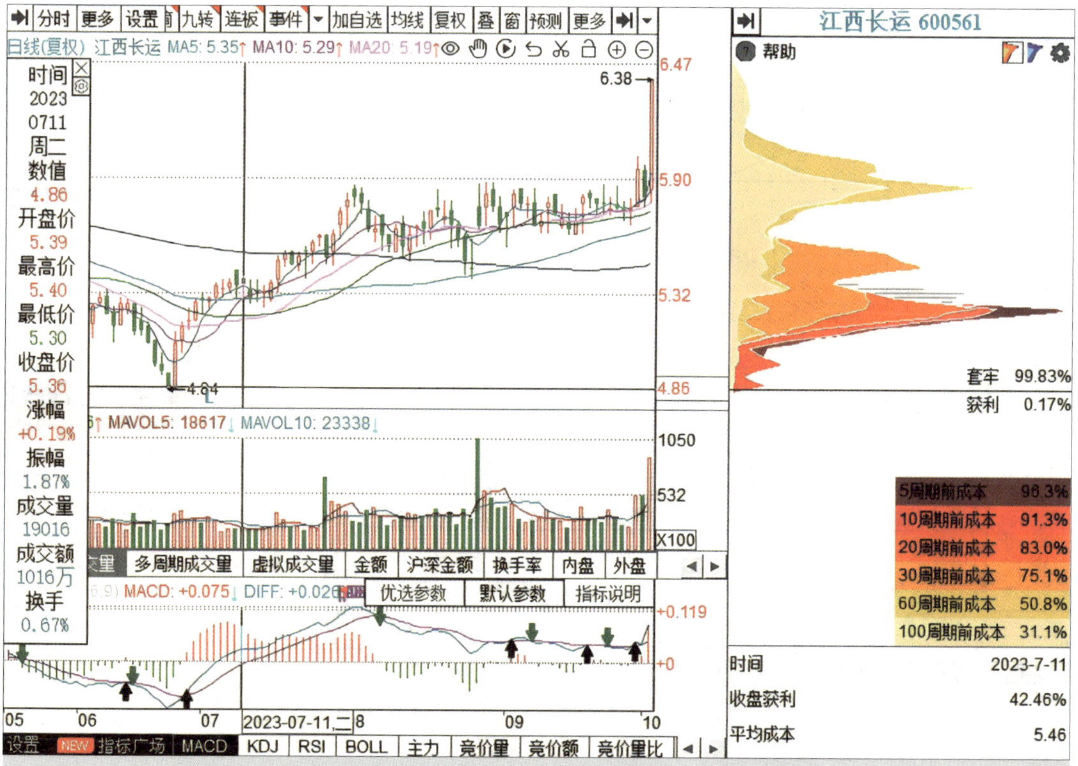

图 3-17　2023 年 7 月 11 日江西长运筹码峰上峰消失、低位形成新单峰密集

在下跌行情里，如果上密集峰没有被充分消耗，并在低位形成新的单峰密集，将不会有新一轮行情的产生。上攻行情的充分条件是股价的上方没有大量的套牢盘，下跌多峰中的每一个上峰都是强阻力位，对于存在下跌多峰的股票，不宜草率建仓持有。

1. 看图要点

（1）上峰逐渐消失。

（2）低位形成新的单峰密集。

2. 操盘要点

上峰消失并在低位形成新的单峰密集，意味着股价止跌企稳。一旦股价开始向上突破，就可以积极跟进。

三、筹码峰第三形态：多峰密集且位置持续上涨

多峰密集且位置持续上涨走势如图 3-18 所示。

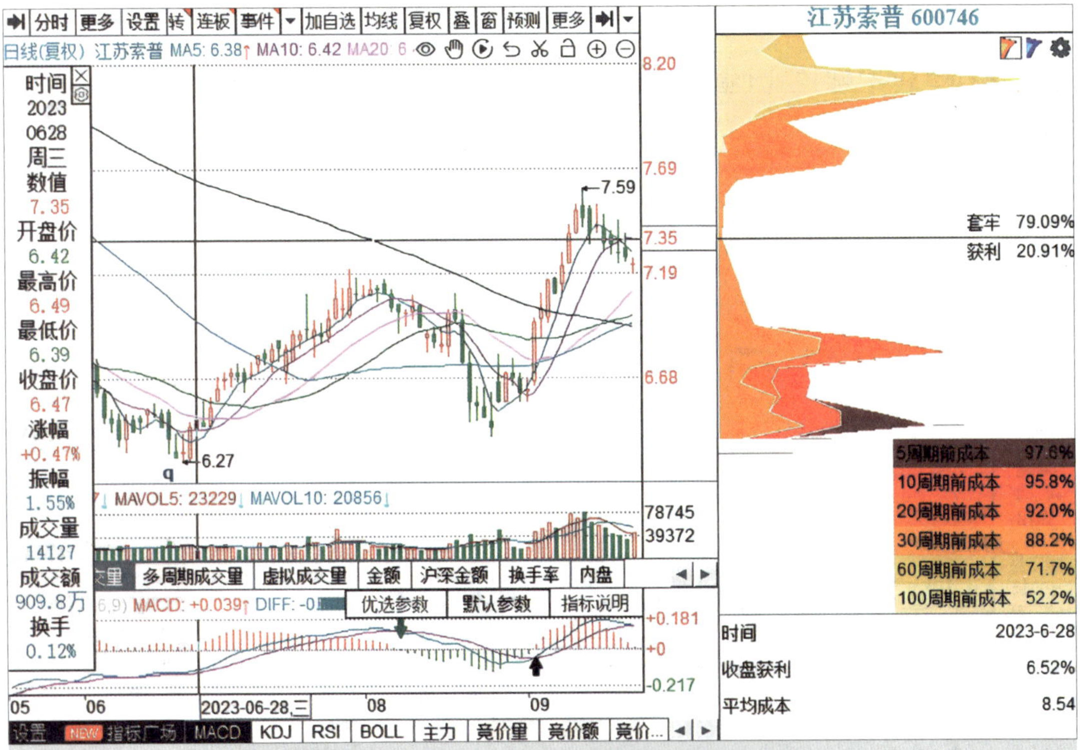

图 3-18　2023 年 6 月 28 日江苏索普筹码峰呈多峰密集且位置持续上涨

1. 看图要点

（1）低位单峰密集逐渐减小，高位多峰密集逐渐形成。

（2）新密集峰形成时原密集峰虽减小，但仍存在。

（3）拉升途中有震荡整理，这个震荡整理是洗盘性质。

2. 操盘要点

股价在拉升途中做震荡整理，形成一个或一个以上的密集峰，拉升行情将持续，可逢低吸纳或者继续持股。如果新密集峰增大的同时，原密集峰迅速减少，则宜出局观望。

四、筹码峰第四形态：向上突破高位单峰密集且继续上涨

股价向上突破的每一个密集峰都将成为该股回调洗盘的强支撑位（见图 3-19）。

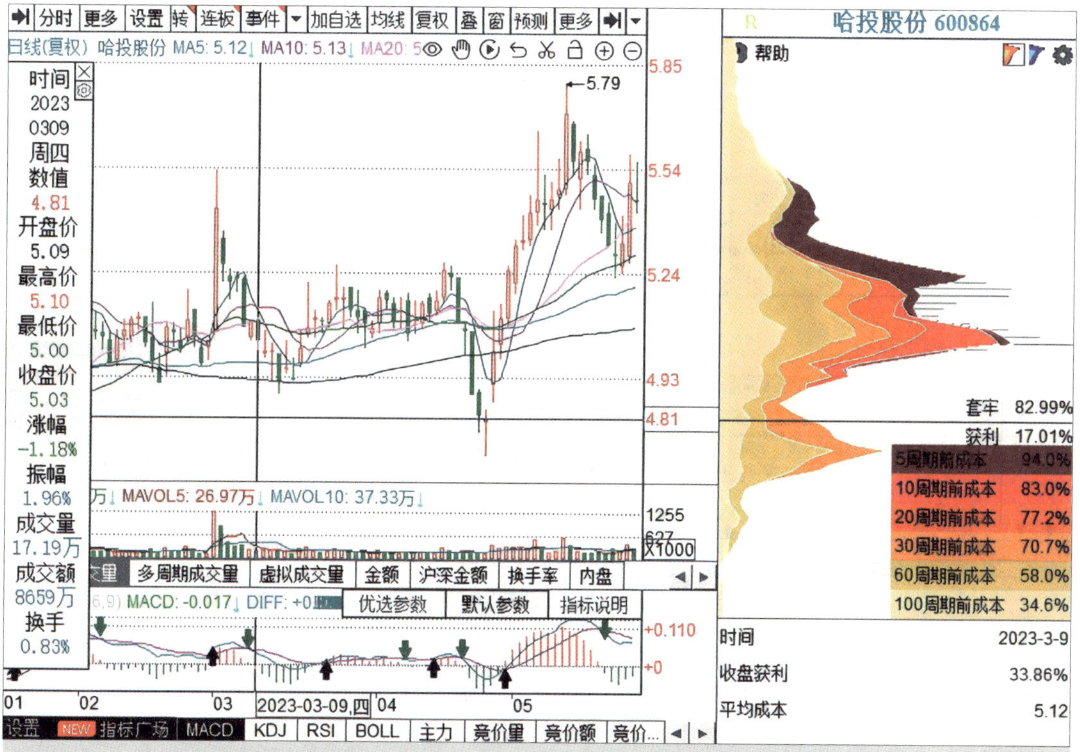

图 3-19　2023 年 3 月 9 日哈投股份股价向上突破高位单峰密集且继续上涨

1. 看图要点

（1）股价经过一轮升势后在高位形成单峰密集。

（2）股价再次突破高位密集峰，创出近期历史新高。

2. 操盘要点

股价再次突破高位密集单峰是新一轮升势的开始，投资者可结合其他信号适当介入，快进快出。股价回落击穿高位密集峰时止损。

五、筹码峰第五形态：超跌“V”形反转密集峰

超跌“V”形反转密集峰走势如图 3-20 所示。

1. 看图要点

股价快速跌穿原单峰密集区至超跌区，原单峰密集仍完好存在。

2. 操盘要点

超跌“V”形反转确认后即时跟进，股价反弹至原单峰密集区域时出场观望。

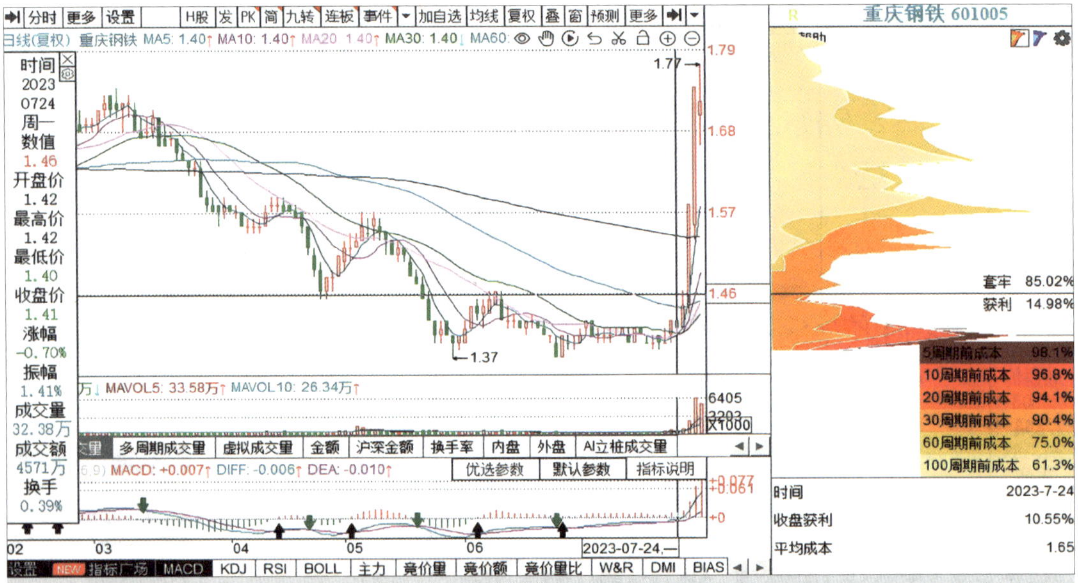

图 3-20 2023 年 7 月 24 日重庆钢铁超跌“V”形反转密集峰

六、筹码峰第六形态：洗盘回归单峰密集

洗盘回归单峰密集走势如图 3-21 所示。

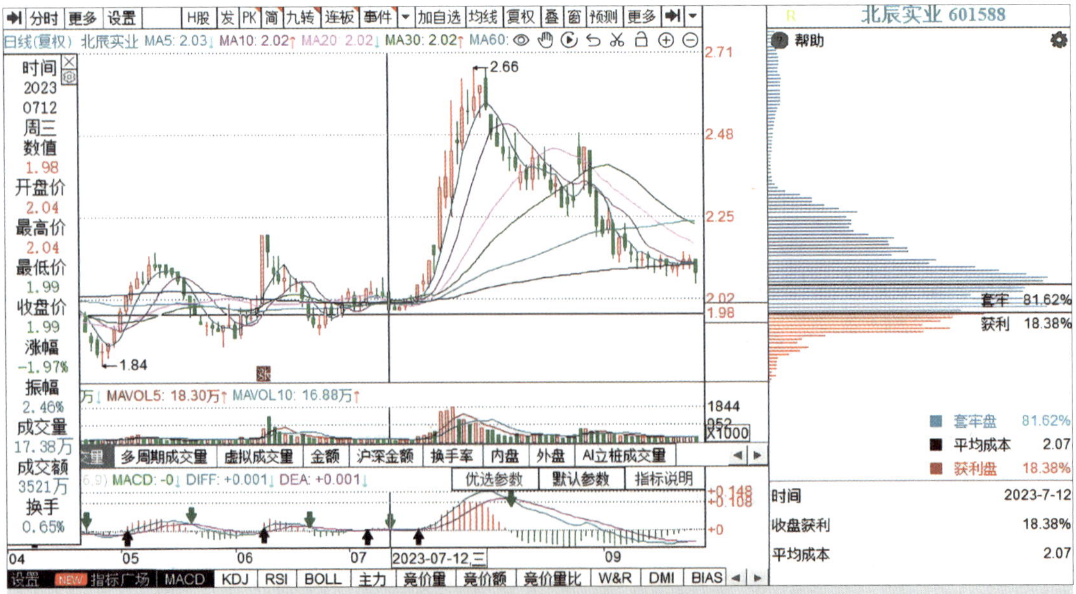

图 3-21 2023 年 7 月 12 日北辰实业洗盘回归单峰密集

1. 看图要点

（1）经过较长时间整理形成低位单峰密集，此后股价跌穿单峰密集区。

（2）回调时原密集峰的筹码总量没有减少的迹象，成交缩量。

（3）洗盘回调幅度不太大，通常小于 20%。

2. 操盘要点

洗盘回调后回升至原单密集峰处，然后放量突破原单密集峰，这是较好的介入时机。

七、筹码峰第七形态：回调峰密集区获强支撑

回调峰密集区获强支撑走势如图 3-22 所示。

图 3-22　2022 年 7 月 7 日海天精工回调峰密集区获强支撑

1. 看图要点

（1）股价放量突破低位单峰密集后不久做回调整理。

（2）股价回调时在低位单峰密集区得到支撑，然后从支撑处再次放量上攻。

2. 操盘要点

股价再次放量上攻意味着主升浪开始，是介入的良机。

八、筹码峰第八形态：跌破高位单峰密集区

跌破高位单峰密集区意味着股价下跌开始（见图 3-23）。

1. 看图要点

（1）股价已经有较大的涨幅。

（2）原低位单峰密集消除，形成高位单峰密集。

2. 操盘要点

股价跌破高位单峰密集区，应及时止损出局。

图 3-23　2023 年 7 月 18 日福达合金股价跌破高位单峰密集区

九、筹码峰第九形态：洗盘后再度密集

洗盘后再度放量出现的筹码峰，意味着行情即将展开，可积极跟进（见图 3-24）。

1. 看图要点

（1）形成第一次低位密集峰后开始了小幅上攻行情，在小行情顶部时，第一次低位密集峰仍大量存在。

（2）股价回落到第一次密集峰处形成第二次密集峰，第二次密集峰与第一次密集峰重合形成单峰密集。

2. 操盘要点

股价放量突破第二次密集峰，投资者可积极跟进。

图 3-24　2023 年 8 月 24 日新疆火炬洗盘后再度密集

第六节 筹码变动相关战法

筹码分布是让投资者寻找中长线牛股的“利器”，可以让投资者以一种很直观的方式判断个股的股性以及状态。

一、战法一：上峰不死，下跌不止

在下跌行情里，如果上密集峰没有被充分消耗并在低位形成新的单峰密集，将不会有新一轮行情产生，如图 3-25 所示。

图 3-25 筹码变动战法一——上峰不死，下跌不止

此种状况下，后市会出现两种情况：

（1）上峰未向下转移，需要规避。

（2）上峰没有充分向下转移，择机卖出。

当股价上方存在较大的筹码峰时，股票很难上涨。一般只有下方建仓的主力峰超过上方，或者上方的筹码峰止损卖出，股票才能上涨。因为没有资金愿意在上方存在巨大套牢盘时，拉升股价让上面的人解套获利；同时，如果多空格局不改变的话，底部资金要直接强势拉升成功的可能性不大。所以上峰下移就意味着上方筹码止损，下方主力建仓形成新的底部筹码峰。

原则上，洗盘完毕，上方的筹码峰不超过主力建仓峰的 50%。筹码峰的本质记录的是该股当前所有持仓的成本，以及对应的占持仓的比例。所以只有低位筹码的比例远高于高位，股价在拉升的过程中形成的卖压才能被有效消化。当底部主力的筹码足够多时，只要主力锁仓，拉升到高位后，上方的抛压不会有致命的影响，同时跟风盘才能接住抛压，这样才容易拉升成功。

二、战法二：多峰密集，方向延续

股价在拉升途中做震荡整理，形成一个或一个以上的密集峰，拉升行情将持续，可逢低吸纳或者继续持股；如果新密集峰增大的同时，原密集峰迅速减少，宜出局观望；如图 3-26 所示。

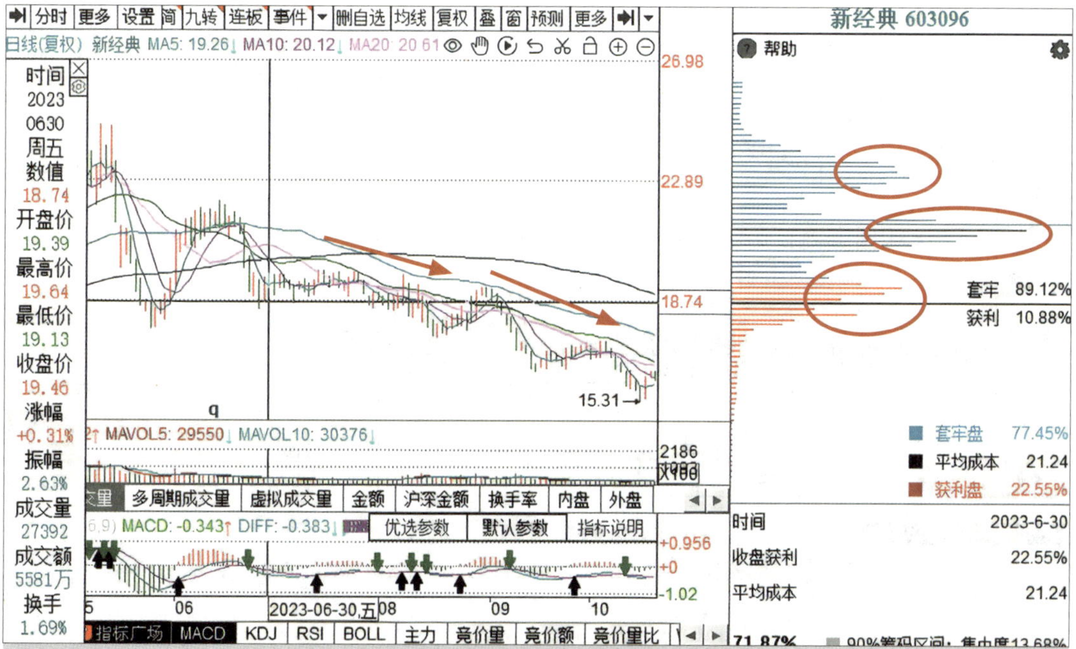

图 3-26 筹码变动战法二——多峰密集，方向延续

在此种状况下，后市会出现两种情况。

（1） 新峰形成，下峰尚在，可波段操作

新的密集峰形成，下方密集峰都还在，上涨趋势将延续，前期密集峰都是短线支撑位或压力位，可进行波段操作。

（2）新峰形成，下峰缩小上移，股价破峰，需要规避

新的密集峰形成，但下方密集峰缩小，向高位聚集。若股价跌破该密集峰，趋势或将扭转，需要规避。

三、战法三：上峰下移后，量价齐破单峰密集筹码峰

股价在低位经过长时间的整理，筹码峰逐步从上方高位转移到低位，并开始形成单峰密集形态。某一天，股价向上突破了单峰密集的筹码峰，且成交量放大，表明上涨走势将开启，单峰越密集，一旦突破后的上攻力度会越强，如图 3-27 所示。

图 3-27　筹码变动战法三——上峰下移后，量价齐破单峰密集筹码峰

操作要点：单峰密集筹码一旦被突破，后市看涨，以择机买入为主。

四、战法四：缩量回踩不破密集峰

股价在低位经过横盘整理，形成单峰密集的筹码分布形态，之后放量突破单峰密集区，价格小幅上涨，随后出现了缩量回踩的走势，横盘整理后形成的密集筹码峰将对股价形成一个强力的支撑，回踩不破将会再次放量上攻，这样的情况下多是主升浪的启动。缩量回踩筹码峰支撑位是一个最好的买进时机，之后大概率是大涨的走势，如图 3-28 所示。

图 3-28　筹码变动战法四——缩量回踩不破密集峰

操作要点：低位密集峰支撑，后市看涨择机买入。

五、战法五：突破前期高位单峰密集峰

股价经过一轮上行之后，出现高位单峰密集形态，股价上涨突破了前高的密集筹码峰，创出历史新高。这时可买入，把单峰密集筹码峰作为止损位，此位置不破，持股待涨为主。但这样的买入方法只适合短线操作，以快进快出为主，需严格执行，如图 3-29 所示。

图 3-29　筹码变动战法五——突破前期高位单峰密集峰

04 第四章

缠论顶底分型

第一节 分型基础知识

一、分型的由来

分型是缠师根据自相似性，将市场当中人的本性融入其中而得出的最具代表意义的自相似性结构，其让价格的运动具有了生命的意义。因此，缠师采用了创造生命的递归法，创造性地发现了构成市场的最小基因——顶底分型。然后利用分型继续构筑出了由笔、线段、中枢以及走势类型等部件组成的缠论体系，类似于DNA、细胞、血管、完整的人、家庭、国家、整个人类社会等人体和人类结构。

分型一步步构成了缠论这座“大厦”的完整结构，它是整套体系的最小部件，也是最具代表性的自相似性结构（所有的顶底都是由类似的顶底分型组成）。

二、分型在交易中的意义

1. 分型是什么

分型是最具代表性的自相似性结构。在任何周期中，阶段性的顶部一定是由顶分型构成的；在任何周期中，阶段性的底部一定是由底分型构成的。不见顶分型不见顶，不见底分型不见底。没有顶底分型之前不交易，顶底分型出现后阶段性见顶或者见底的概率增大。虽然采用分型判别买卖点不足以百分之百成功，但可以大大提升成功率，任何能够提升交易成功概率的事物，都应得到重视且运用到交易中。

2. 分型的级别

分型级别越小，可交易性越弱。小级别分型（小于30分钟级别的）只能做差价的参考。

分型级别越大，可交易性越强。真正决定进出场级别的分型，至少应该是日线级别分型；中长线进场的资金，起码需要周线级别分型确认。

结合分型结构的交易性会增强。在学习掌握区间套之前，不要在小级别分型位置大仓位进场。

不同量级资金与分型的关系。不同的分型代表的是不同级别资金的介入深度。本节初步介绍分型，后面详细介绍分型的具体应用条件以及构建成笔的方法。

3. 分型成立的条件

底分型成立条件。

（1）相邻三根不存在包含关系的 K 线。

（2）中间那根 K 线的高点，是三根 K 线高点中最低的。

（3）中间那根 K 线的低点，是三根 K 线低点中最低的。

满足以上三个条件的 K 线组合为底分型 K 线组合，具体如图 4-1 所示。

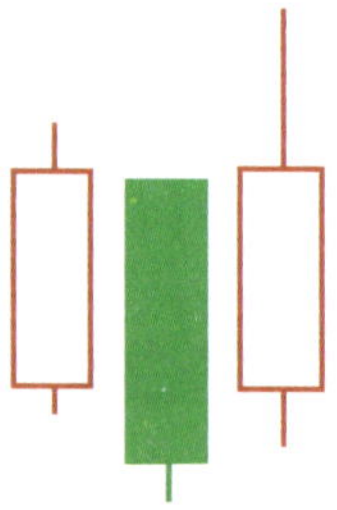

图 4-1 底分型

顶分型成立条件。

（1）相邻三根不存在包含关系的 K 线。

（2）中间那根 K 线的高点，是三根 K 线高点中最高的。

（3）中间那根 K 线的低点，是三根 K 线低点中最高的。

满足以上三个条件的 K 线组合为顶分型 K 线组合，具体如图 4-2 所示。

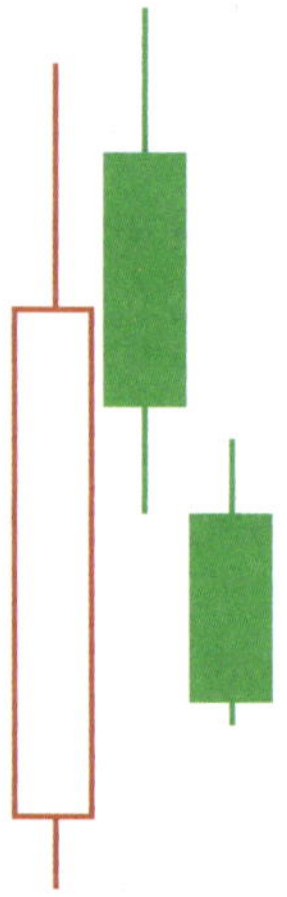

图 4-2 顶分型

4. 分型成立的逻辑和意义（以顶分型为例）

一个顶分型之所以成立，是因为卖的分力最终战胜了买的分力。其中，买的分力有过三次的努力（买的分力逐渐变弱），而卖的分力有过三次的阻击（卖的分力逐渐变强）。标准的分型结构是经过处理的组合形态，如图 4-3 所示。背后的逻辑其实就是头肩顶的直观应用。

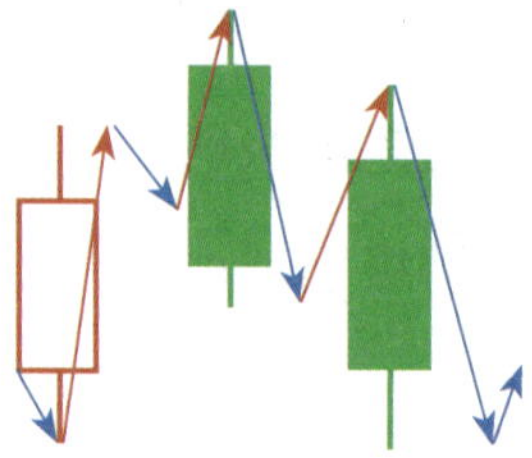

图 4-3 分型成立的逻辑

三、包含关系和包含关系的处理

1. 包含关系

相邻两根 K 线，其中一根 K 线的高低点完全被旁边另一根 K 线的高低点所包含，也就是说，被包含 K 线的高点比旁边 K 线的高点低，被包含 K 线的低点比旁边 K 线的低点高。

注意：在处理包含关系时，不管是阴线还是阳线，也不管上下影线的长度、比例，只看高低点。

2. 包含关系的处理原则

有包含关系的 K 线的处理是指将具有包含关系的 K 线合并成新的一根 K 线。

处理包含关系的 K 线时有“高高”原则和“低低”原则两种：有包含关系的两根 K 线（A 和 B），如果 K 线组合形态为上升趋势，则取“高高”，如图 4-4 所示；如果 K 线组合形态为下降趋势，则取“低低”，如图 4-5 所示。

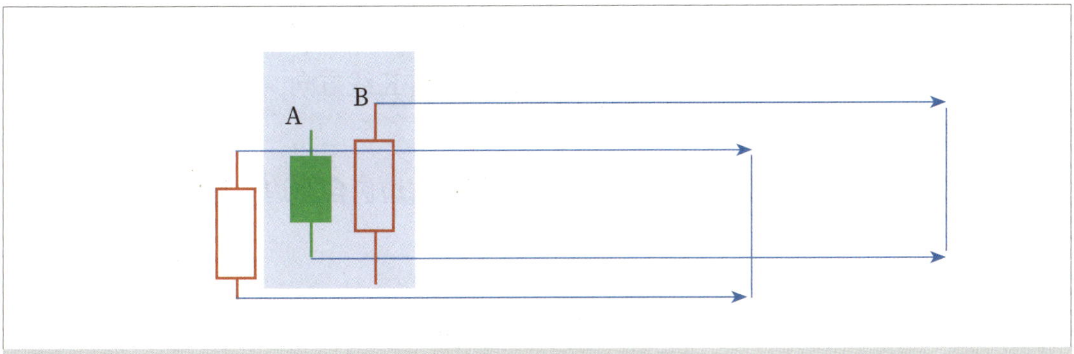

图 4-4 包含关系的处理 1

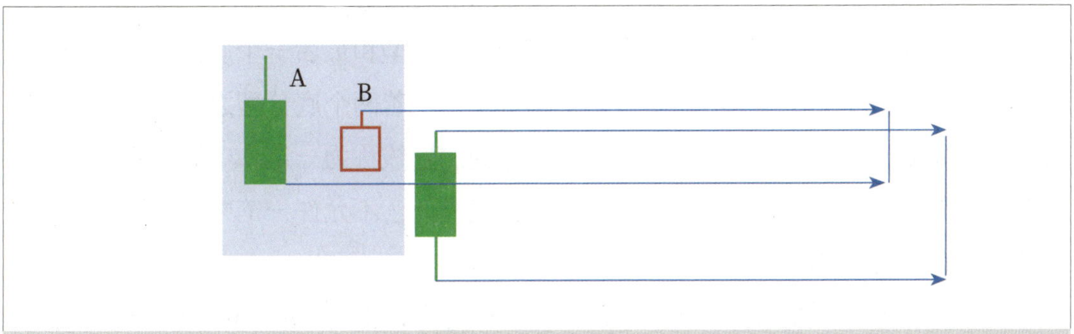

图 4-5 包含关系的处理 2

3. 包含关系易混点

缠论在判断分型和包含关系时，只关注 K 线的最高点和最低点，不用理会 K 线上下影线的长度、比例和实体部分的颜色 , 如图 4-6 所示。

在判断重心或者趋势时，不用管当天是上涨还是下跌，仍然只看每天的最高点和最低点，不用理会 K 线上下影线的长度、比例和实体部分的颜色，如图 4-7 所示。

图 4-6　包含关系高低点

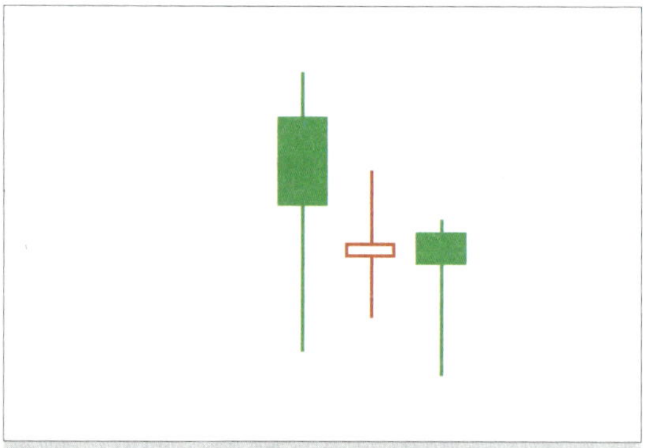

图 4-7　重心和趋势判断

包含关系只能是相邻两根 K 线；处理的方向依循 K 线方向，即时间周期的方向，先合并前面的，再合并后面的。

包含关系一旦出现，无论是左边包含右边还是右边包含左边，都要进行处理（后面详细说明）。

四、笔

1. 笔的概念

两个相邻顶分型和底分型顶底之间的最高点和最低点的连线叫作“笔”。

若两个顶分型之间有几个底分型，则第一个顶分型和最后一个底分型之间的连线称为一笔，前面几个底分型可忽略（是中继分型）。若两个底分型之后连续出现几个顶分型，则第一个底分型和最后一个顶分型之间的连线称为一笔，中间的几个顶分型可忽略（是中继分型）。一笔之中，顶最高、底最低，不允许一笔中出现比笔顶还高或者比笔底还低的情况。

如图 4-8 所示，AB 是顶分型与底分型顶底之间的连线，AB 叫作笔；BC 是底分型和顶分型底顶之间的连线，BC 也叫作笔。

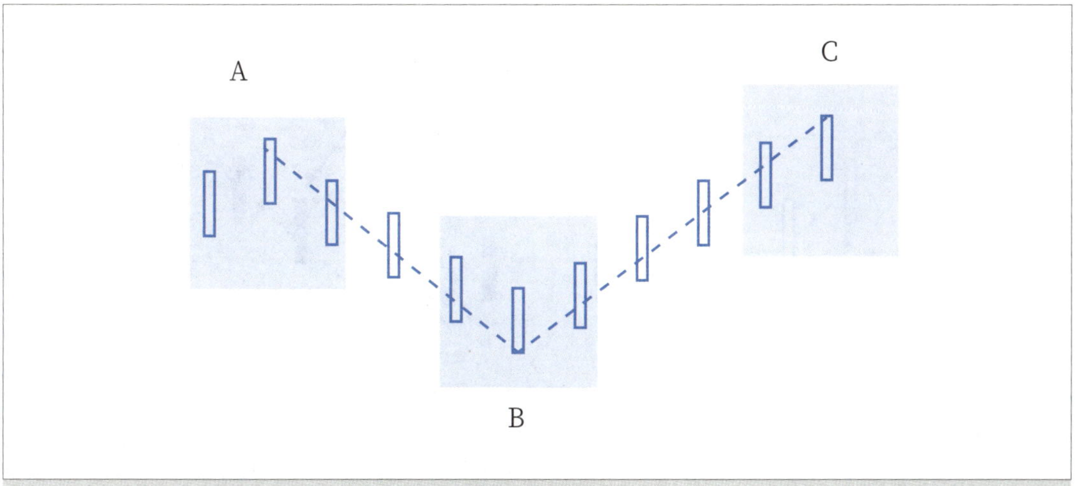

图 4-8 笔

2. 笔成立的基本条件

如果两个分型之间没有独立 K 线，就不能成笔，如图 4-9 所示。顶分型和底分型之间至少要有一根独立 K 线是笔能够成立的基本条件，如图 4-10 所示。

同一笔中，顶分型中最高那根 K 线的区间，至少要有一部分高于底分型中最低那根 K 线的区间。如果这一条件满足不了，也就是顶都在底的范围内，或顶比底还低，这显然是不可接受的。同一笔中，顶底分型之间的 K 线可以浮动，但是不能超过顶分型的最高点和底分型的最低点。

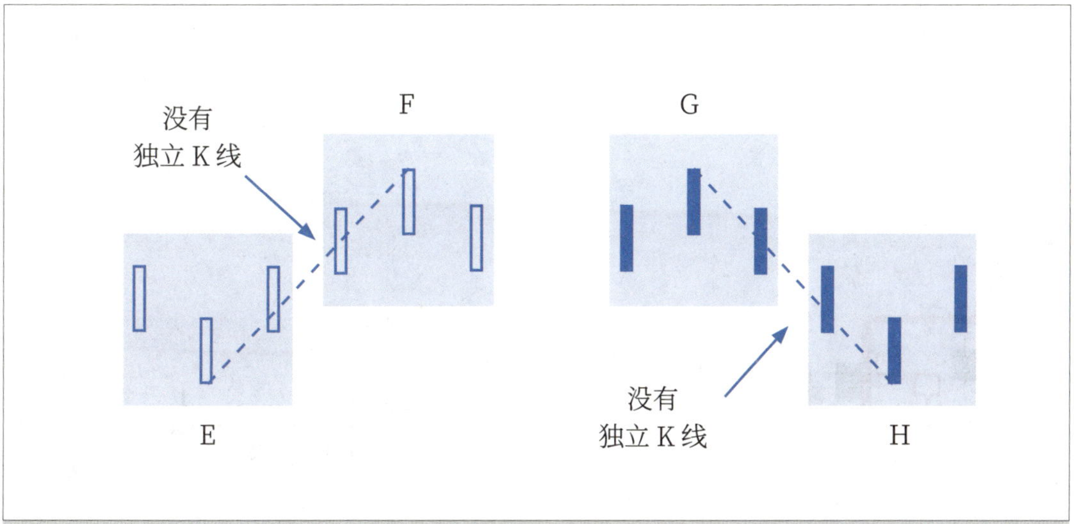

图 4-9 非笔

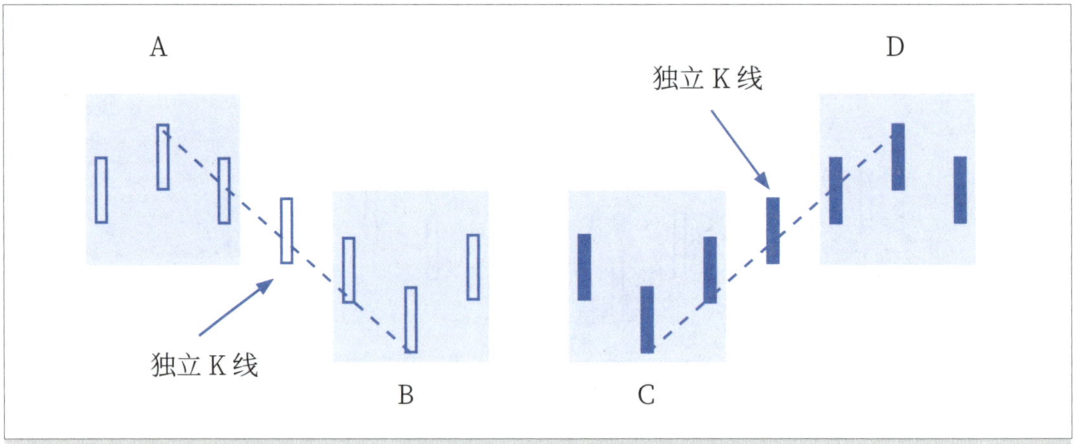

图 4-10 笔成立的基本条件

五、中继分型

1. 中继分型的概念

中继分型是指非转折点顶分型或底分型，出现的分型若为中继分型，则后续走势不会发生改变。非中继分型则是指出现后走势会发生转折的顶分型或底分型。因此顶底分型出现后，判断其是不是中继分型就非常必要。

2. 中继分型的判断

当一个分型出现后，如何判断该分型是属于中继分型还是非中继分型呢？我们都知道，真正的顶分型是连接两笔的转折点，所以在前一笔结束后，能够成功延伸出同级别后一笔的就是非中继顶底分型，不能延伸出的，就是中继顶底分型，此时可以将自己的操作级别进行主动降低，如图 4-11 所示。

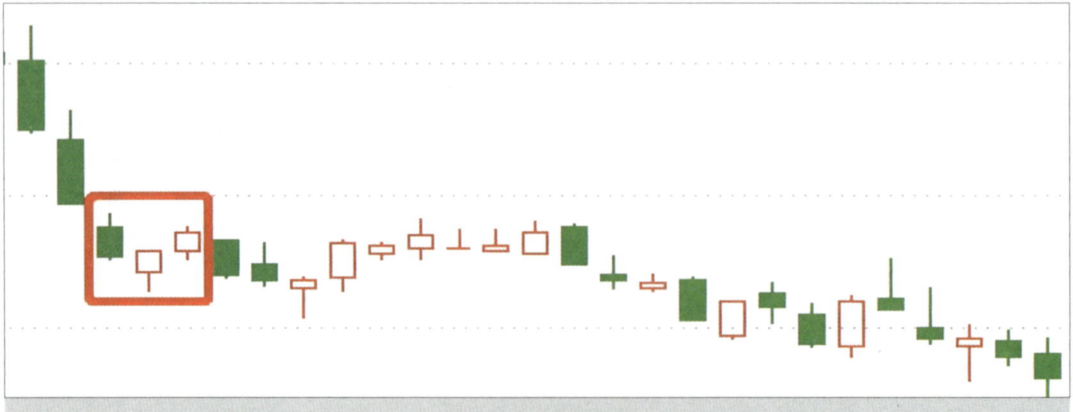

图 4-11 中继分型 1

在如图 4-12 所示的 15 分钟级别的走势中，黄色下跌箭头的级别要低于红色箭头，如果要使得高一级别图中黄色箭头处的“顶分型”成为可能，那么在 15 分钟的图上，该黄色箭头至少要走出三笔，并且第二笔的回升不能超过起跌点，显然市场并没有走出来。

图 4-12 中继分型 2

第二节 顶底分型配合 5 日均线有效突破确认操作点

可通过顶底分型配合 5 日均线有效突破后的回踩 5 日均线确认操作点（见图 4-13 至图 4-16）。

图 4-13 找出日线

图 4-14 在日线图上找顶底分型

上证指数(30分钟.前复权) MA5: 3310.36 MA10: 3307.19 MA20: 3298.28 MA60: 3266
3342.86
3195.31-3197.32
3273.72-3276.42
3165.08-3167.51
3031.54
VOL-TDX(5,10) VVOL: - VOLUME: 5116697 MA5: 7328876 MA10: 6755096
X1000
3350
3300
3250
3200
3150
3100
3050
15000
10000
5000

图 4-15　30 分钟级别找顶底分型

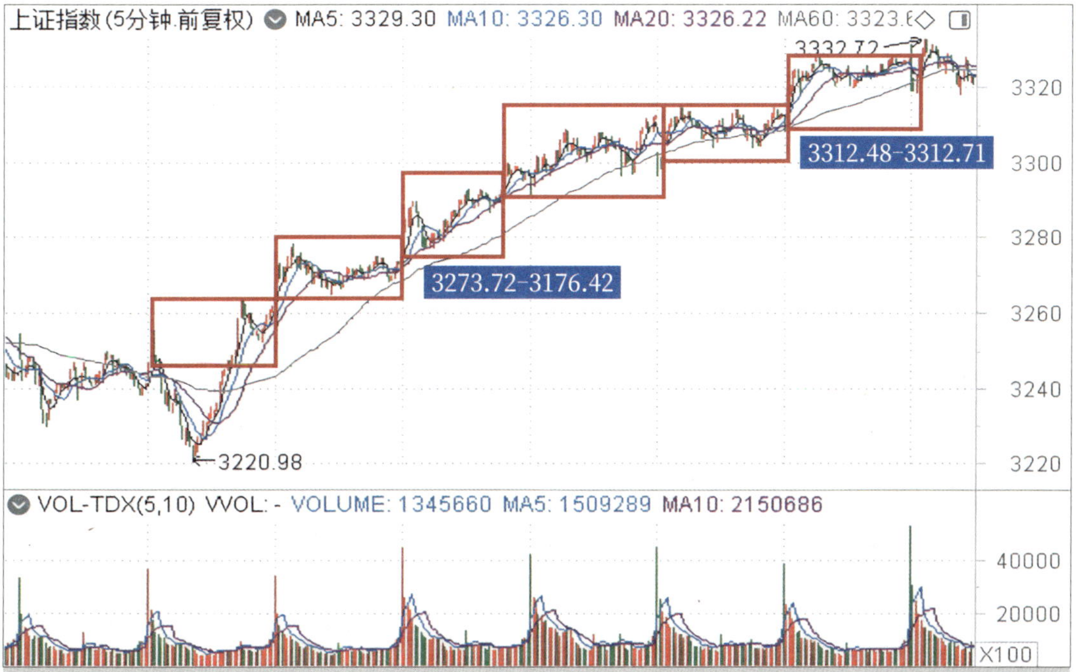
上证指数(5分钟.前复权) MA5: 3329.30 MA10: 3326.30 MA20: 3326.22 MA60: 3323.
3332.72
3312.48-3312.71
3273.72-3176.42
3220.98
VOL-TDX(5,10) VVOL: - VOLUME: 1345660 MA5: 1509289 MA10: 2150686
X100
3320
3300
3280
3260
3240
3220
40000
20000

图 4-16　5 分钟级别找顶底分型

由小推大，最小级别都没顶分就可以安心睡觉；最小级别出现顶分就如同打了一个喷嚏，提醒你注意，观察此时次级别有无出现顶分型，没出现可以忽视，如果出现又跌破 5 日均线就应该减仓。再观察本级别（以日线为例），如果出现顶分型且跌破 5 日均线，就应该清仓了。

总而言之，遇到需要判断某一级别的顶分型时，其背后就隐藏着这么一个情况：在次级别甚至次次级别上，处于中阴走势段，操作时需要及时降低操作级别，并时刻抓稳几个买卖点，次级别或次次级别未出现第二卖点或者出现第三卖点，就说明本级别构造失败，顶分型不成立，后续还会有新高。

05

第五章

九五至尊

第一节 九五至尊破解连板市场

九五至尊是笔者多年潜心研究出来的一套指标体系，上面的紫线为“九五线”，下面的蓝线为“潜龙线”。通过九五至尊我们会发现市场中所有的股票 95% 以上的时间都运行于上面这条紫色九五线的下方和蓝色（黑底则为黄色）潜龙线的上方，如图 5-1 所示。

图 5-1 股票多数时间位于九五线和潜龙线之间

这意味着该股票处于非常平庸的状态中。此时持有此股票的投资者都处于小赚小亏的状态中，而主力正在利用自己的资金优势和控盘能力，高抛低吸，把吸筹成本降到一个极低的位置。

突然有一天股价一飞冲天，指标上穿九五线，说明全市场目前的状况突然改变了，该股票也开始受到万众瞩目。此时，主力已经吸筹完毕，为离开成本区间而开始拉升股价，此时是欢迎打板客们来抬轿的。而该股站上九五线的时候，已经是市场的九五至尊了，所谓“一人得道，鸡犬升天”，所有人都处在快速大幅的盈利状态，全体狂欢，如图 5-2 所示。

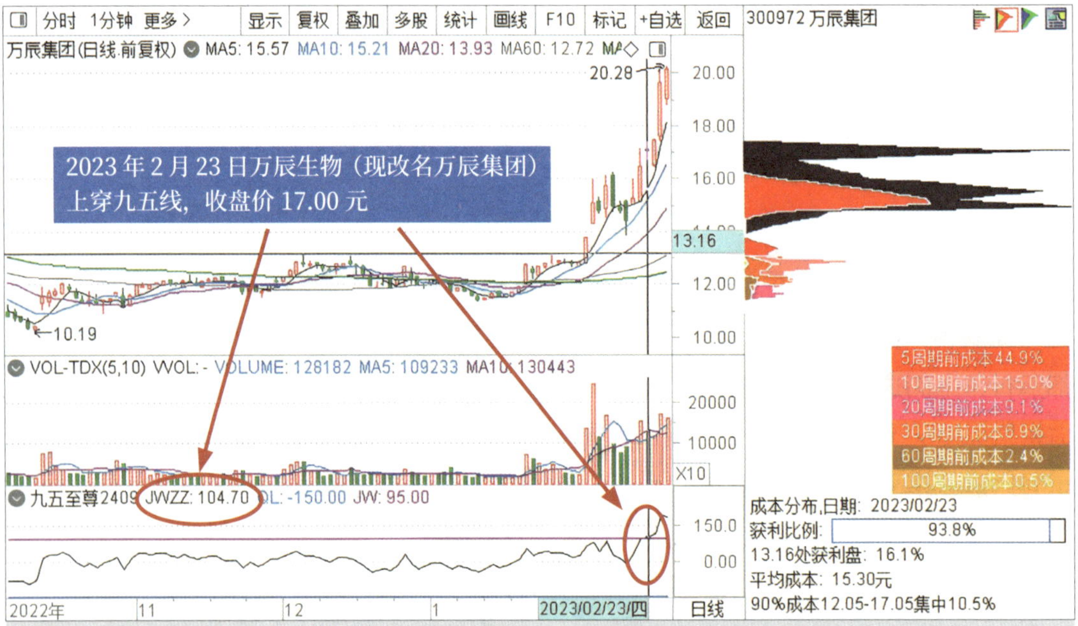

图 5-2　2023 年 2 月 23 日万辰集团上穿九五线

股票下破九五线的时候，说明它已经跌落神坛，无力带着所有人赚钱，此时应该止盈离开，如图 5-3 所示。

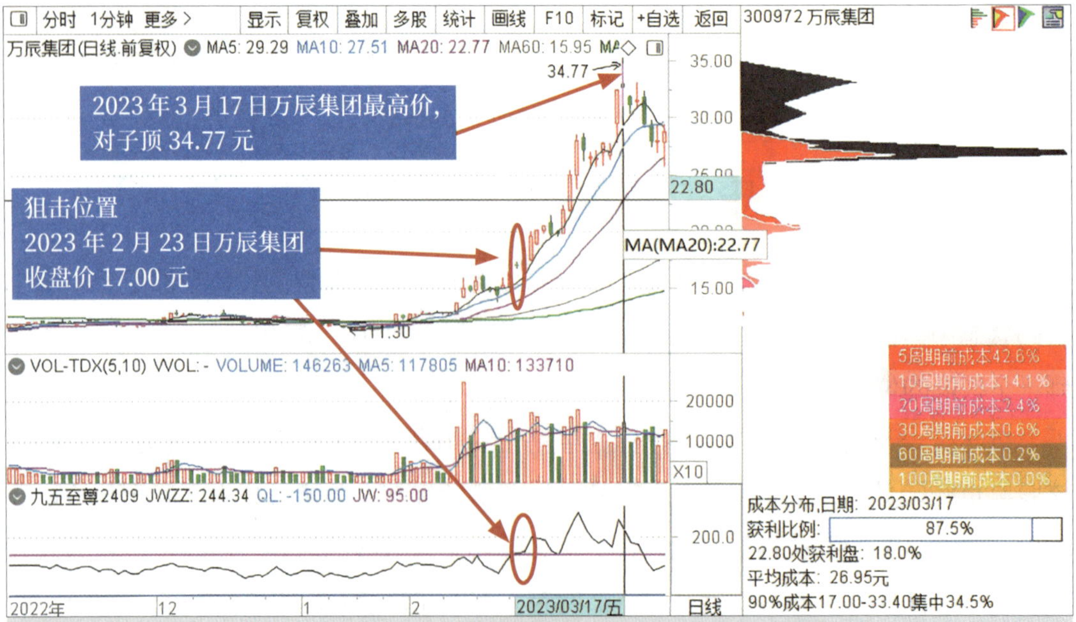

图 5-3　2023 年 3 月 17 日万辰集团在九五线上出现对子顶

在应用九五至尊指标时，依然应该注意止损，止损可以以自己的心理价位为标准，也可以以指标参数为标准，如图 5-4 所示。

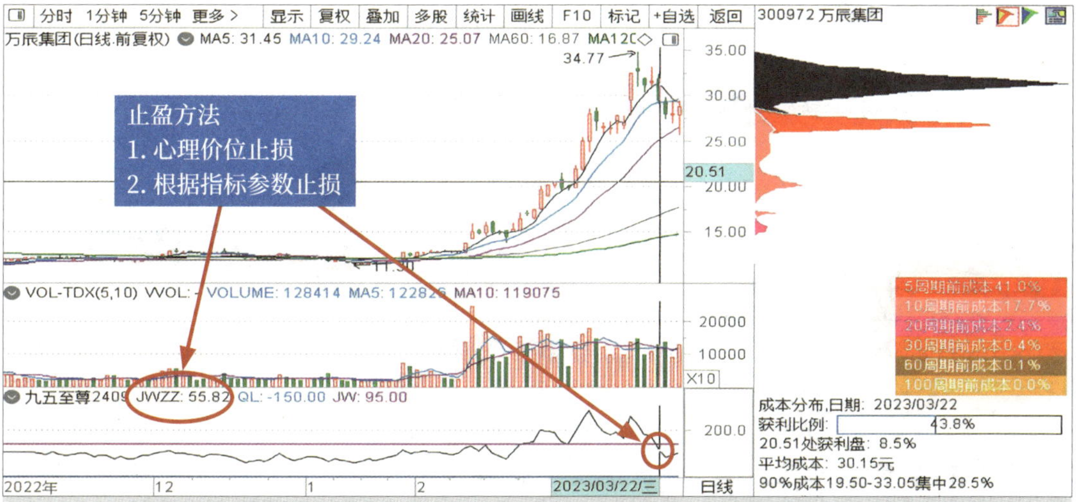

图 5-4　2023 年 3 月 22 日万辰集团股价下跌

为及时捕获九五至尊，在设置参数时，可将参数设置为 93，筛选出潜力选手，给自己一个观察时间，然后通过多参数对比，选择买入股票，最终实现盈利。九五至尊是一个非常敏感的指标，和选择 93 为参数一样，微破可不走，继续观察是否会再次上穿，多次上穿是很常见的，如图 5-5 所示。

图 5-5　2024 年 2 月至 2024 年 3 月宏达股份多次上穿九五线

以下分享一些捕获九五至尊的盈利案例（见图 5-6 至图 5-35）。

案例 5-1 安硕信息（300380）

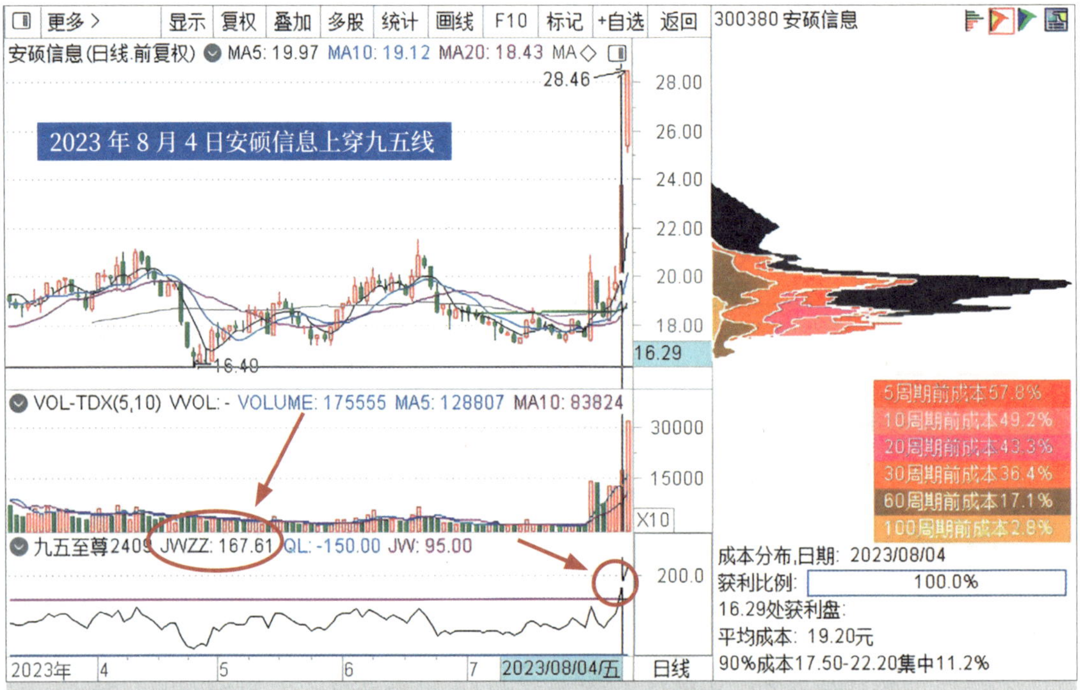

图 5-6 2023 年 8 月 4 日安硕信息上穿九五线

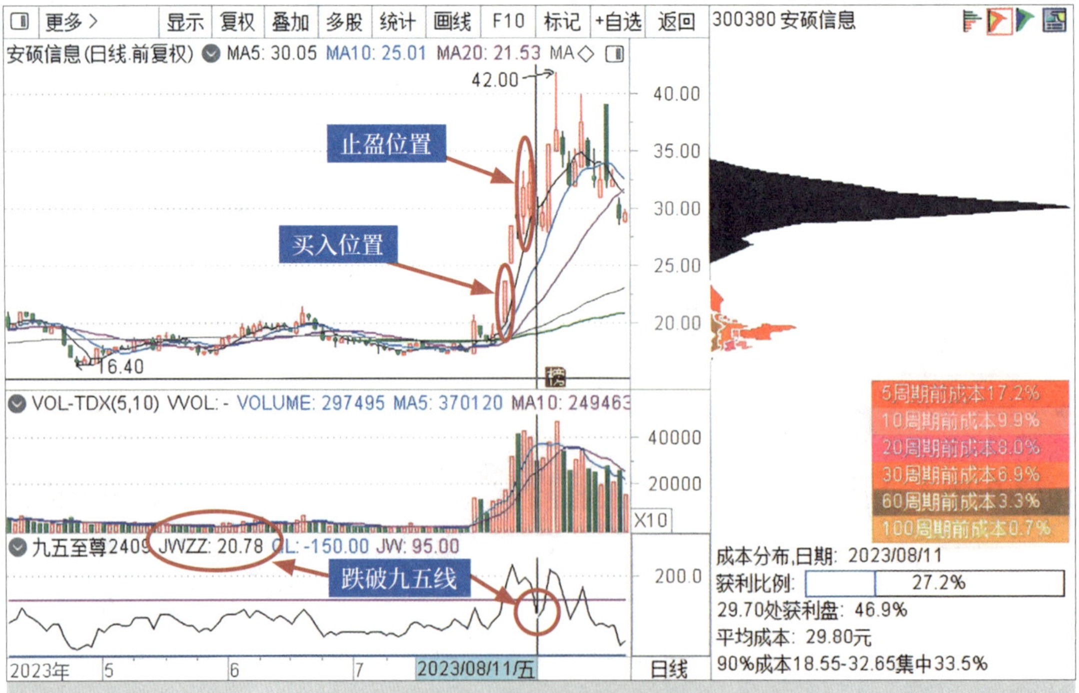

图 5-7 2023 年 8 月 11 日安硕信息跌破九五线

案例 5-2 光弘科技（300735）

图 5-8 2023 年 9 月 21 日光弘科技上穿九五线

图 5-9 2023 年 9 月 25 日光弘科技跌破九五线

2023 年 9 月 21 日光弘科技第一次上穿九五线时，最低价和开盘价为 11.59 元，最高价和收盘价均为 13.87 元；2023 年 9 月 25 日，光弘科技最高价为 16.40 元，收盘价为 14.73 元，有 10% 左右的涨幅。

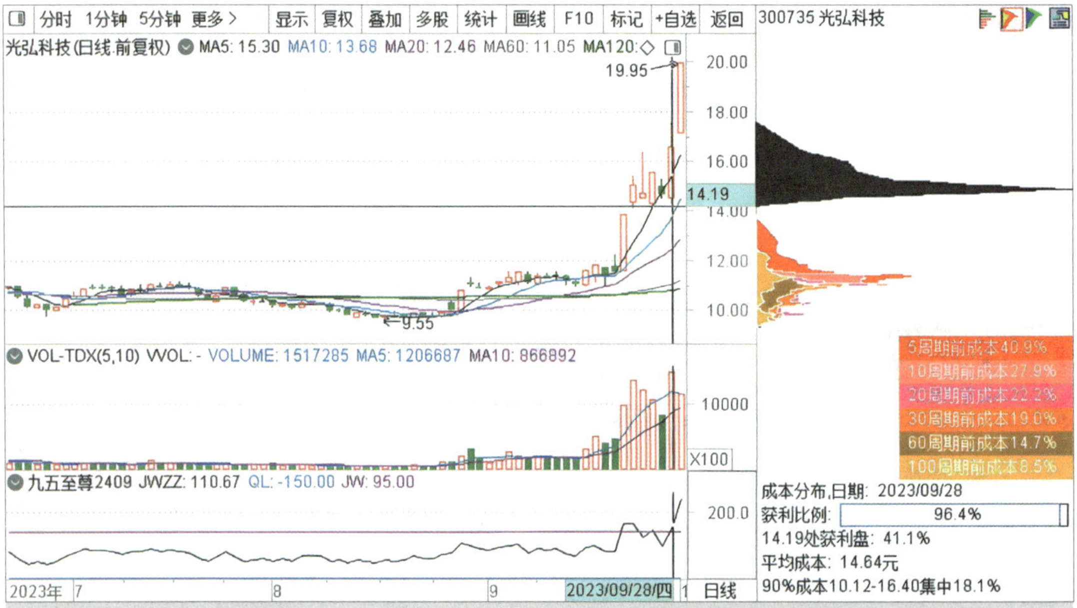

图 5-10　2023 年 9 月 28 日光弘科技第二次上穿九五线

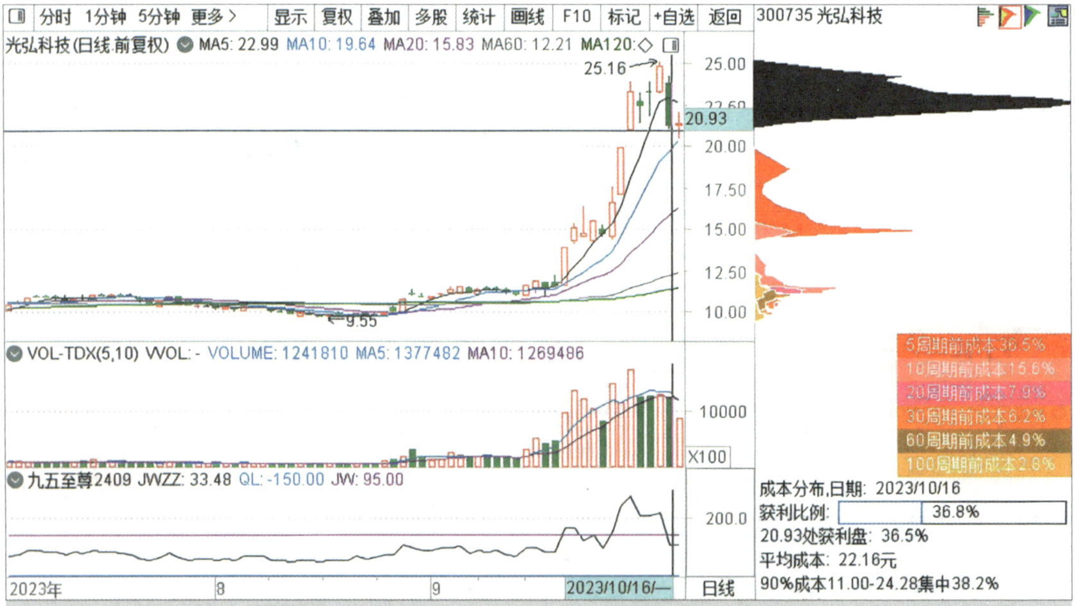

图 5-11　2023 年 10 月 16 日光弘科技第二次跌破九五线

2023 年 9 月 28 日光弘科技第二次上穿九五线时，最高价 17.59 元，最低价为 14.32 元，开盘价为 14.54 元，收盘价为 16.58 元；2024 年 10 月 16 日，其最高价为 24.23 元，最低价为 21.01 元，开盘价为 23.80 元，收盘价为 21.21 元，相较于 9 月 28 日有 30% 多的涨幅。

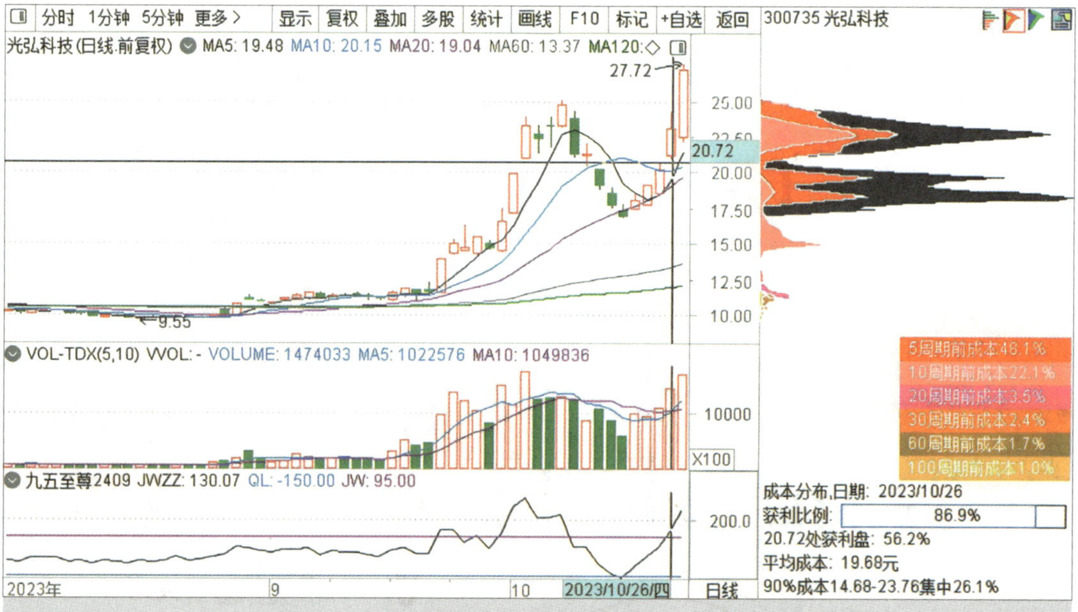

图 5-12 2023 年 10 月 26 日光弘科技第三次上穿九五线

图 5-13 2023 年 11 月 9 日光弘科技第三次跌破九五线

2023 年 11 月初光弘科技第三次上穿九五线，从 2023 年 9 月 21 日第一次上穿九五线到 2023 年 11 月 9 日光弘科技第三次跌破九五线，收盘价从 14.12 元来到了 26.49 元，涨幅高达 88%，这期间的最高涨幅更是高达 196%。

案例 5-3　青岛双星（000599）

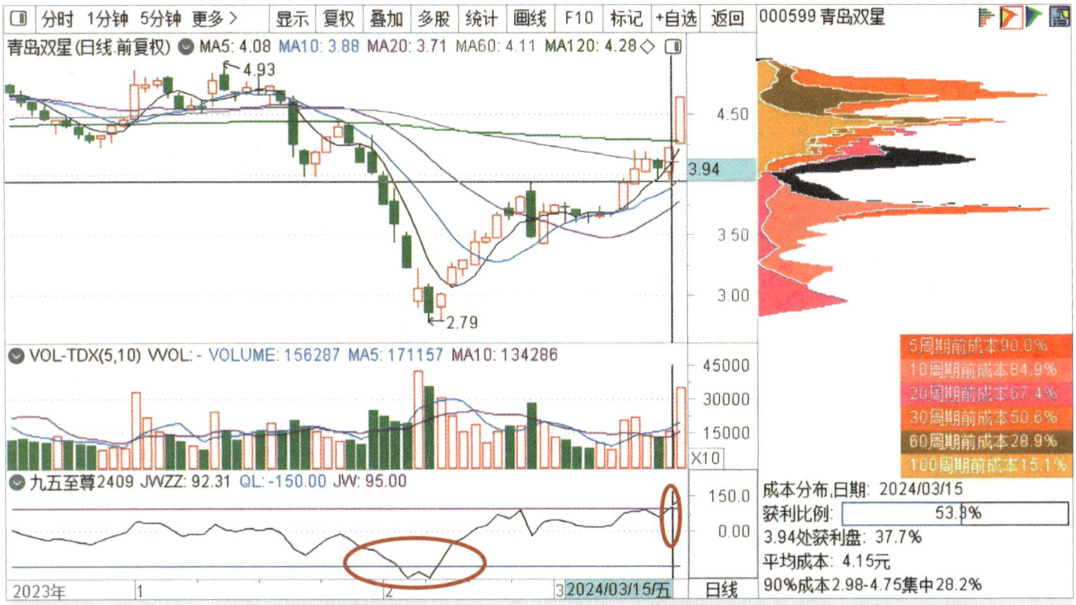

图 5-14　2024 年 3 月 15 日青岛双星上穿九五线

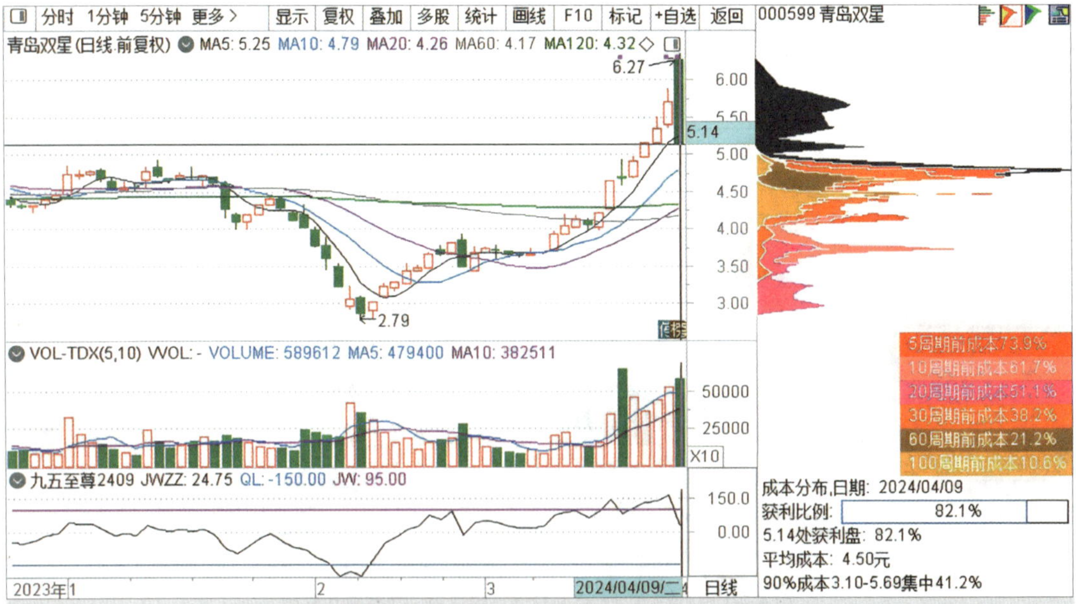

图 5-15　2024 年 4 月 9 日青岛双星跌破九五线

青岛双星从 2024 年 3 月 15 日上穿九五线到 2024 年 4 月 9 日跌破九五线，收盘价从 4.22 元来到了 5.13 元，这期间的最高价则高达 6.27 元，最高涨幅高达 48.58%。

案例 5-4 中视传媒（600088）

图 5-16 2024 年 1 月 24 日中视传媒上穿九五线

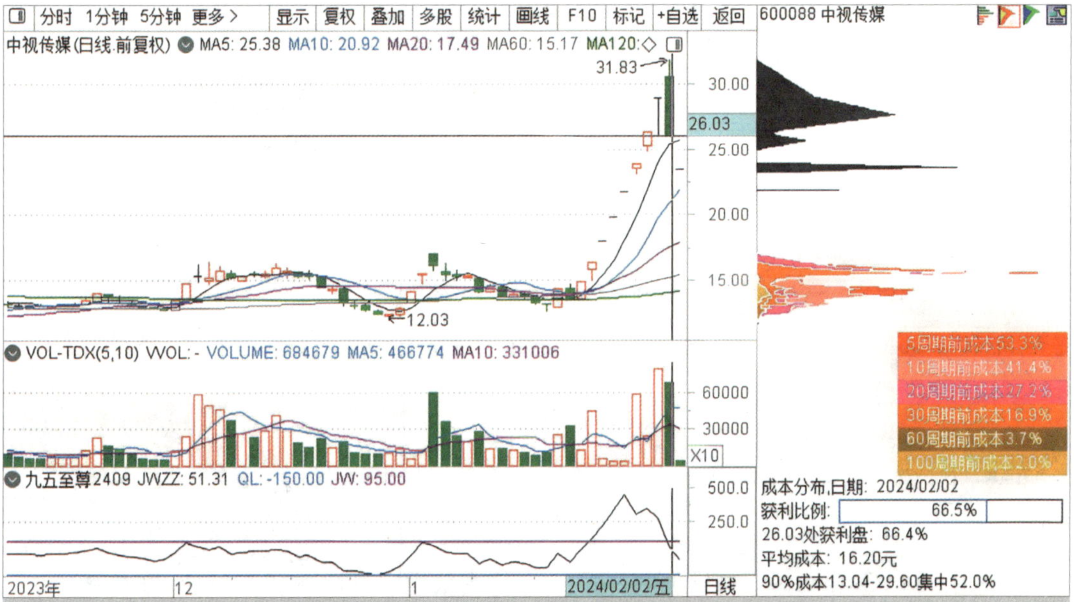

图 5-17 2024 年 2 月 2 日中视传媒跌破九五线

中视传媒从 2024 年 1 月 24 日上穿九五线到 2024 年 2 月 2 日跌破九五线，收盘价从 16.32 元来到了 26.04 元，这期间的最高价则高达 31.83 元，最高涨幅高达 95%。

案例 5-5 信雅达（600571）

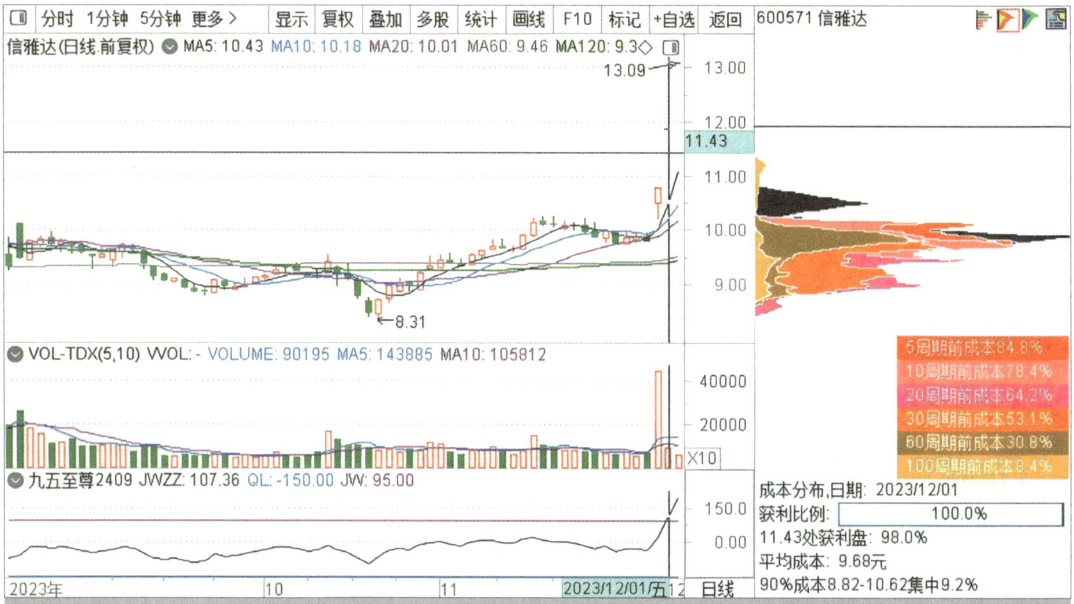

图 5-18 2023 年 12 月 1 日信雅达上穿九五线

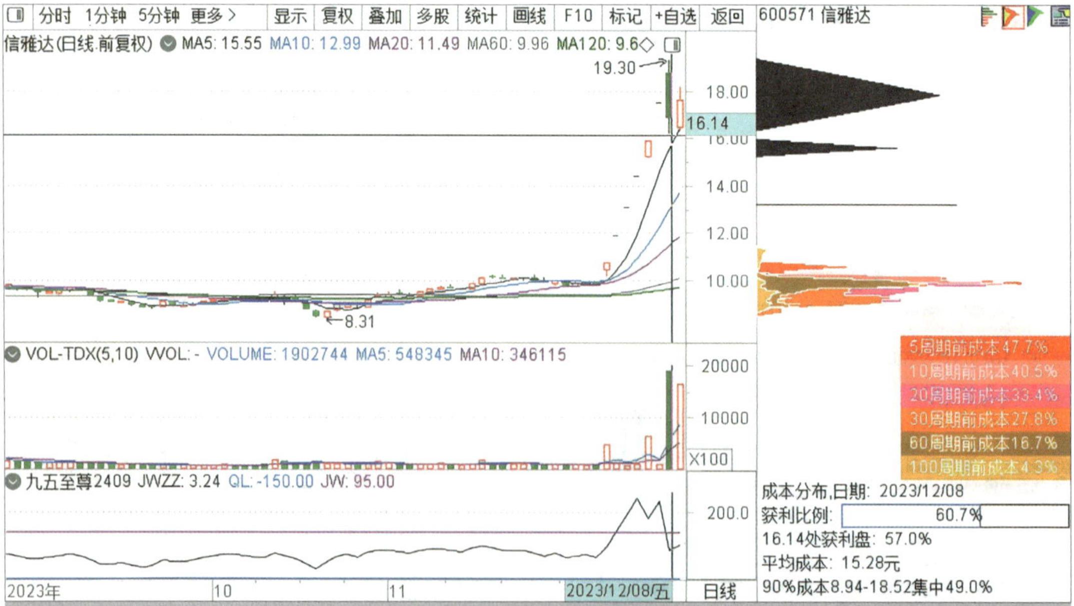

图 5-19 2023 年 12 月 8 日信雅达跌破九五线

信雅达从 2023 年 12 月 1 日上穿九五线到 2023 年 12 月 8 日跌破九五线，收盘价从 12.14 元来到了 17.09 元，这期间的最高价则高达 19.56 元，最高涨幅高达 61%。

案例 5-6 东风股份（600006）

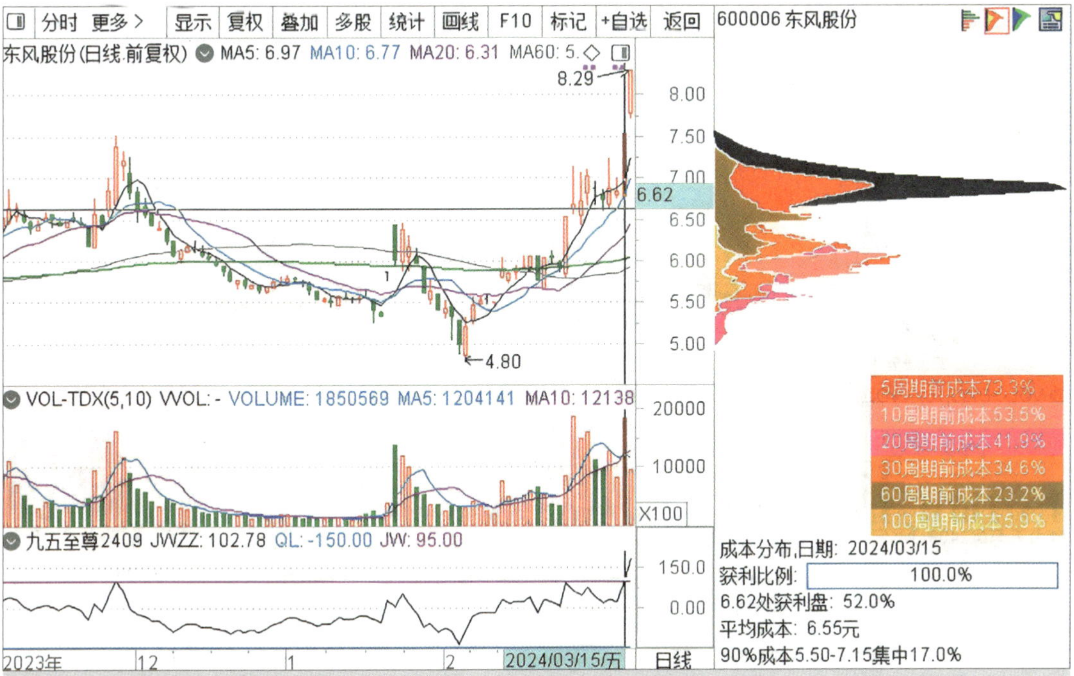

图 5-20　2024 年 3 月 15 日东风股份上穿九五线

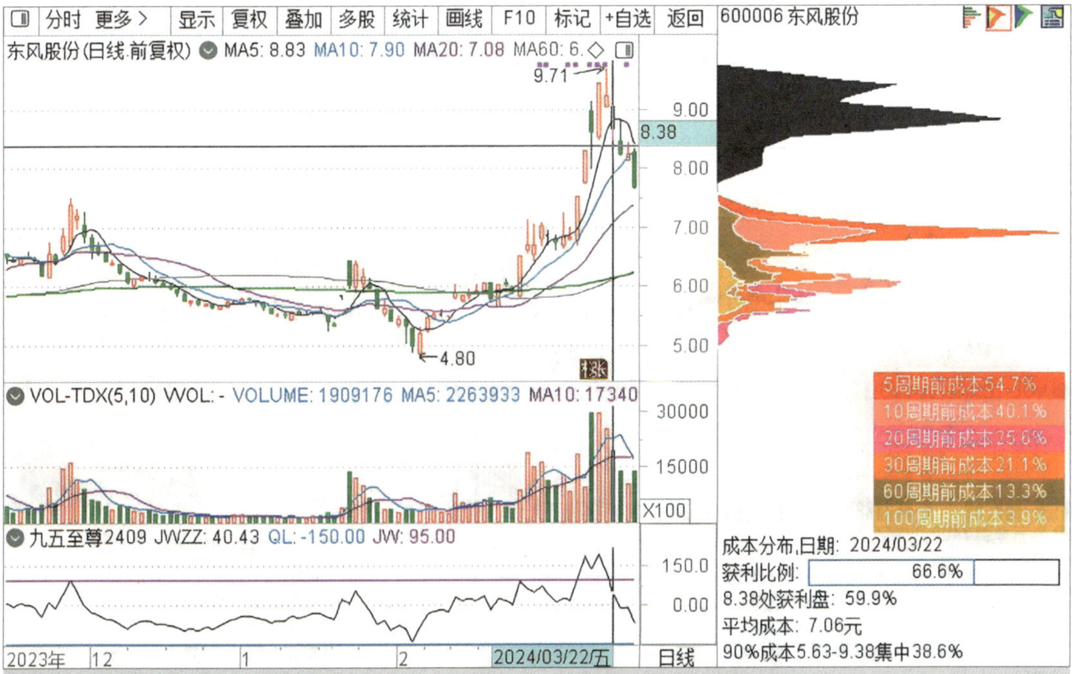

图 5-21　2024 年 3 月 22 日东风股份跌破九五线

案例 5-7 包钢股份（600010）

图 5-22 2021 年 7 月 9 日包钢股份上穿九五线

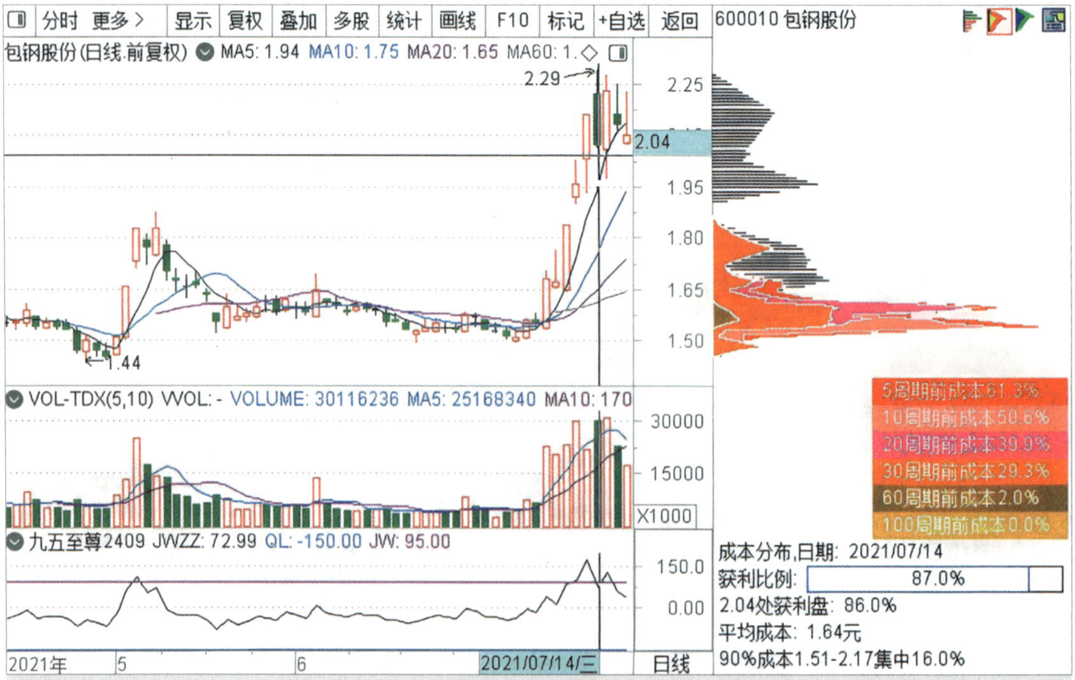

图 5-23 2021 年 7 月 14 日包钢股份跌破九五线

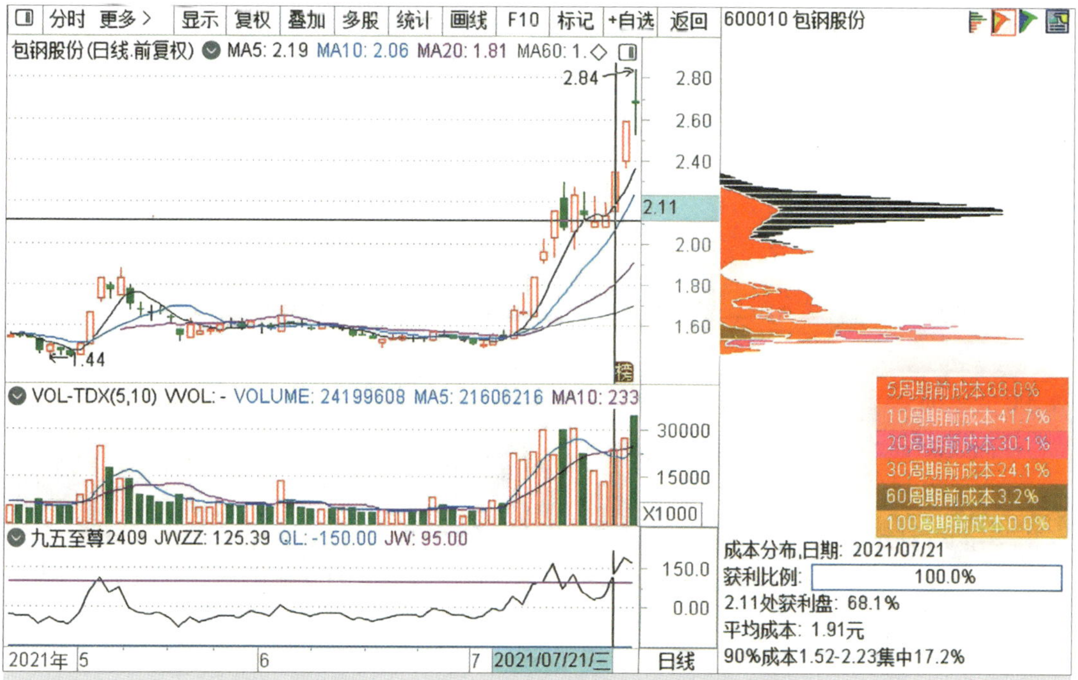

图 5-24 2021 年 7 月 21 日包钢股份再次上穿九五线

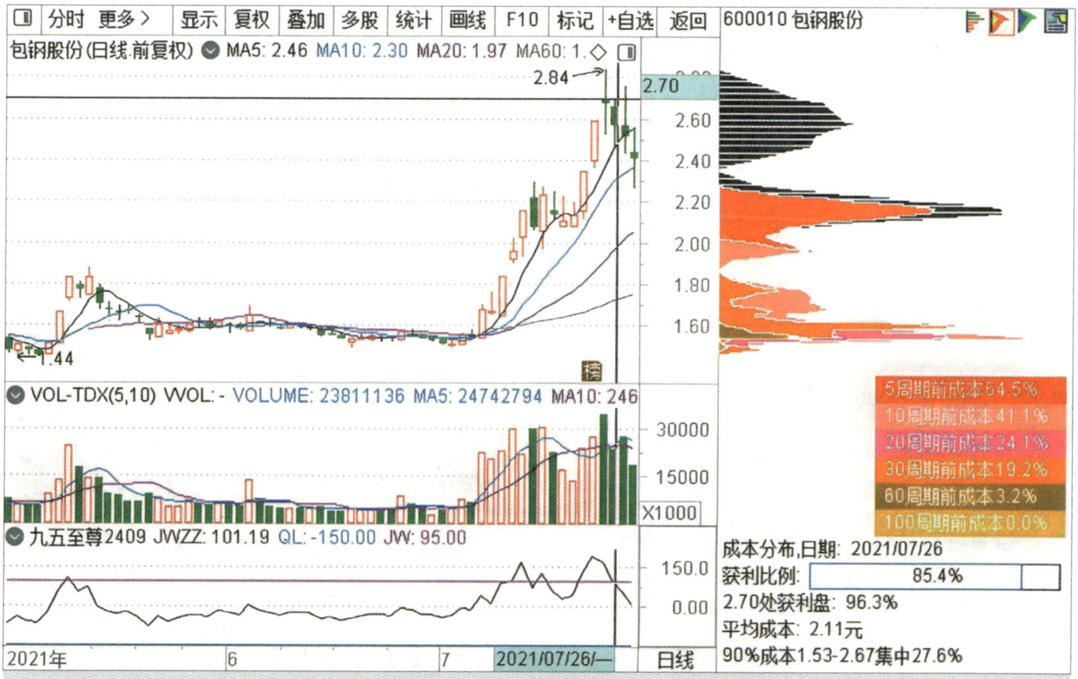

图 5-25 2021 年 7 月 26 日包钢股份再次跌破九五线

案例 5-8 重庆钢铁（601005）

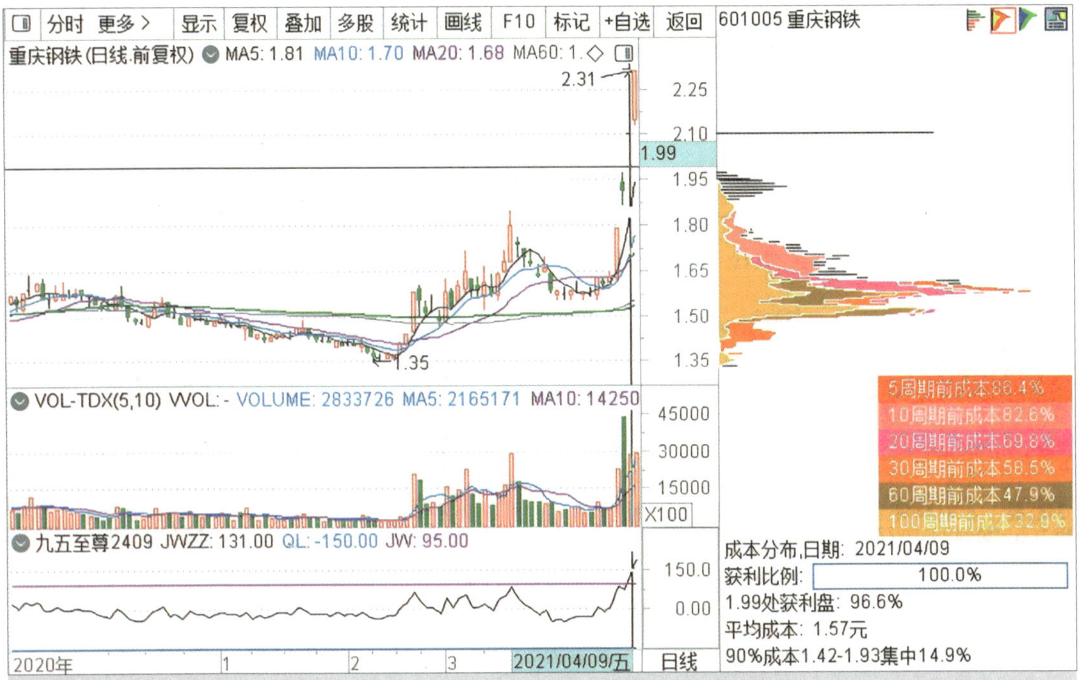

图 5-26　2021 年 4 月 9 日重庆钢铁上穿九五线

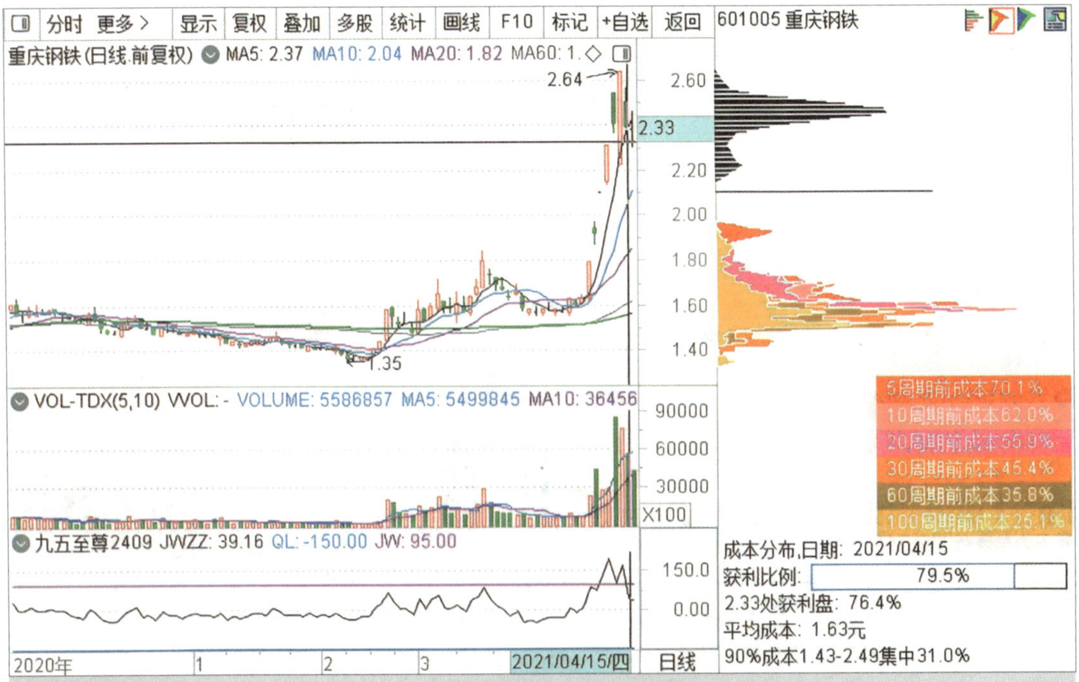

图 5-27　2021 年 4 月 15 日重庆钢铁跌破九五线

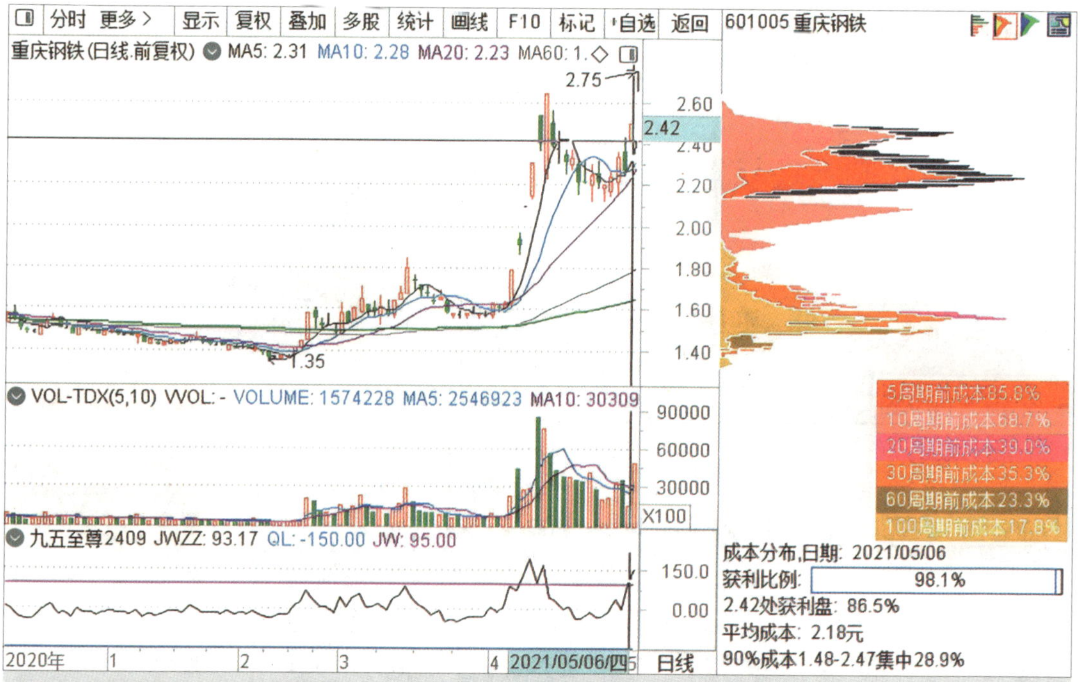

图 5-28　2021 年 5 月 6 日重庆钢铁再次上穿九五线

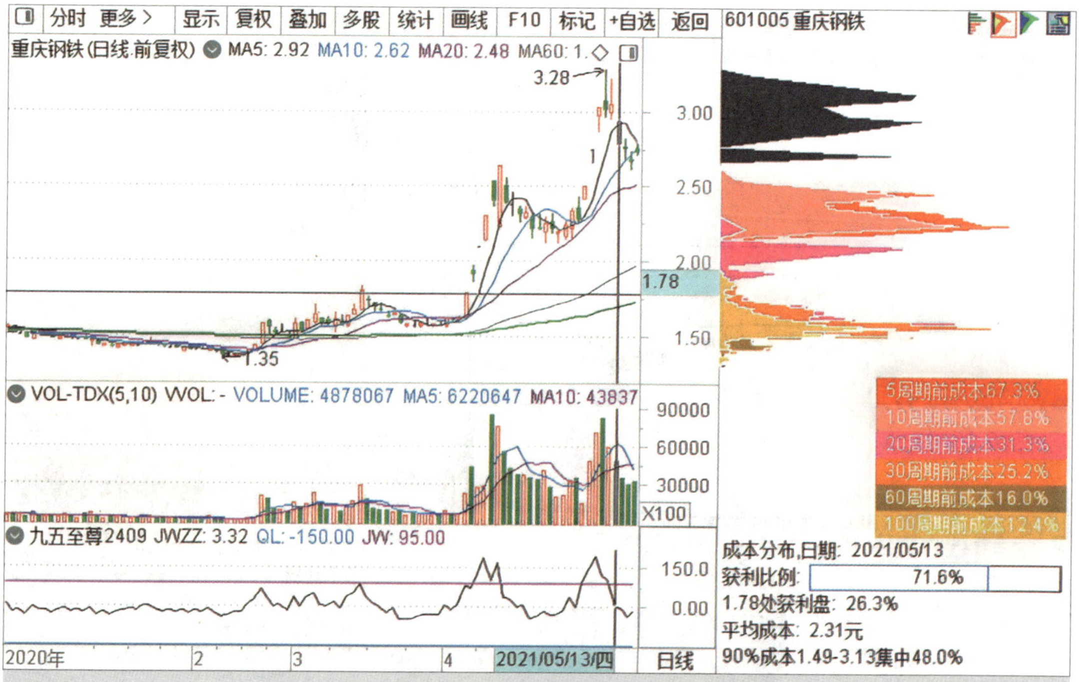

图 5-29　2021 年 5 月 13 日重庆钢铁再次跌破九五线

案例 5-9 上海电力（600021）

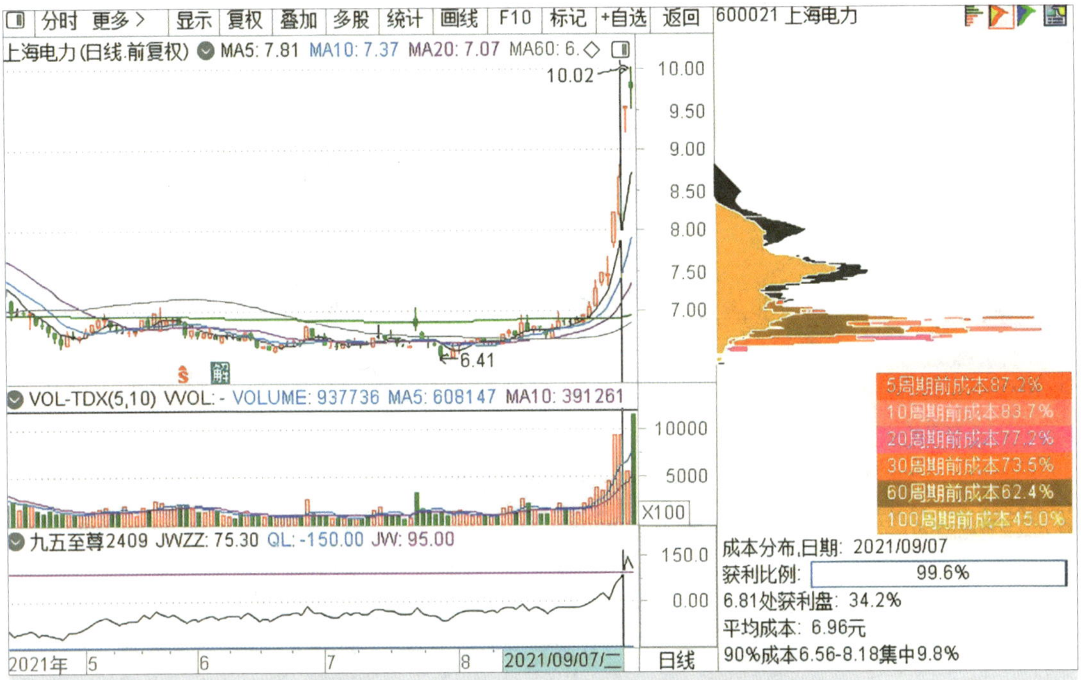

图 5-30 2021 年 9 月 7 日上海电力上穿九五线

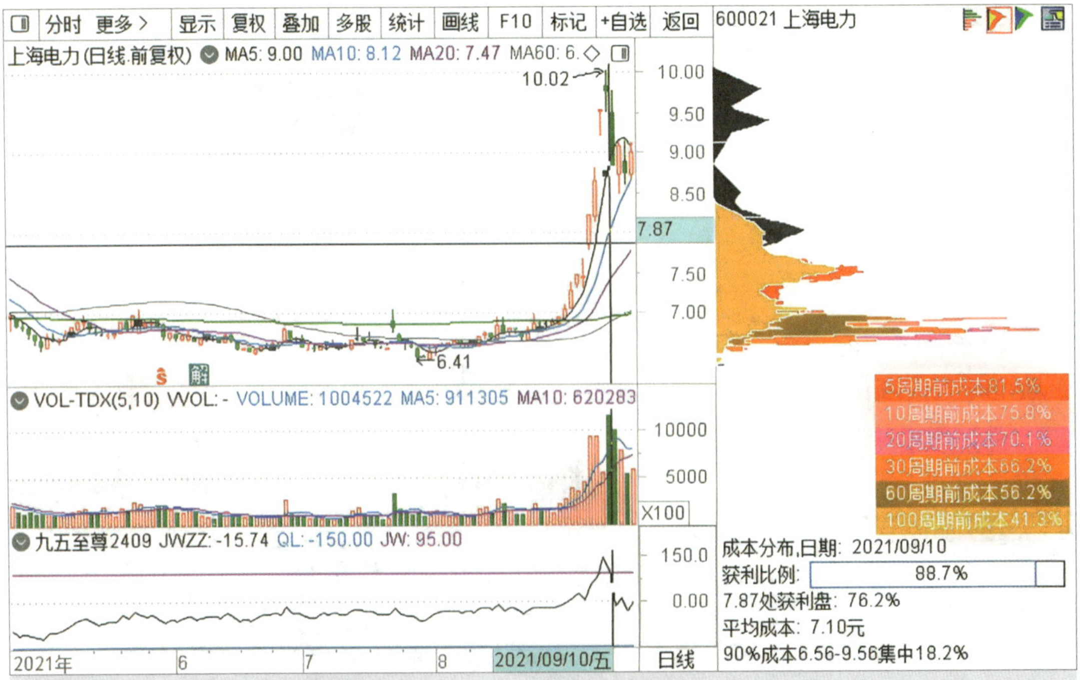

图 5-31 2021 年 9 月 10 日上海电力跌破九五线

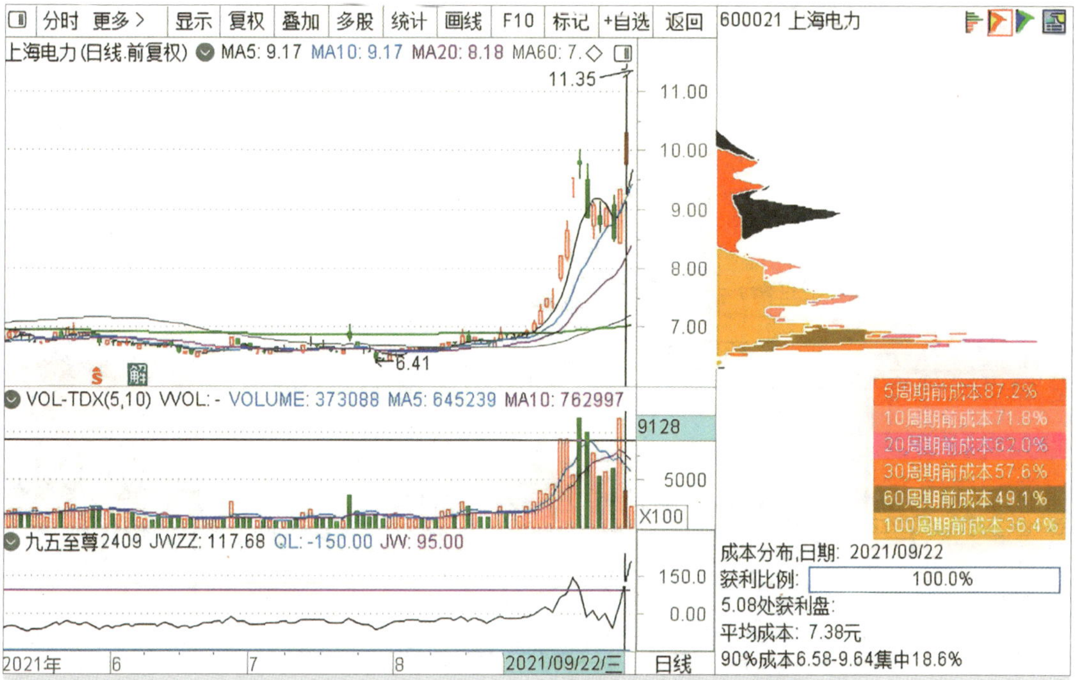

图 5-32　2021 年 9 月 22 日上海电力再次上穿九五线

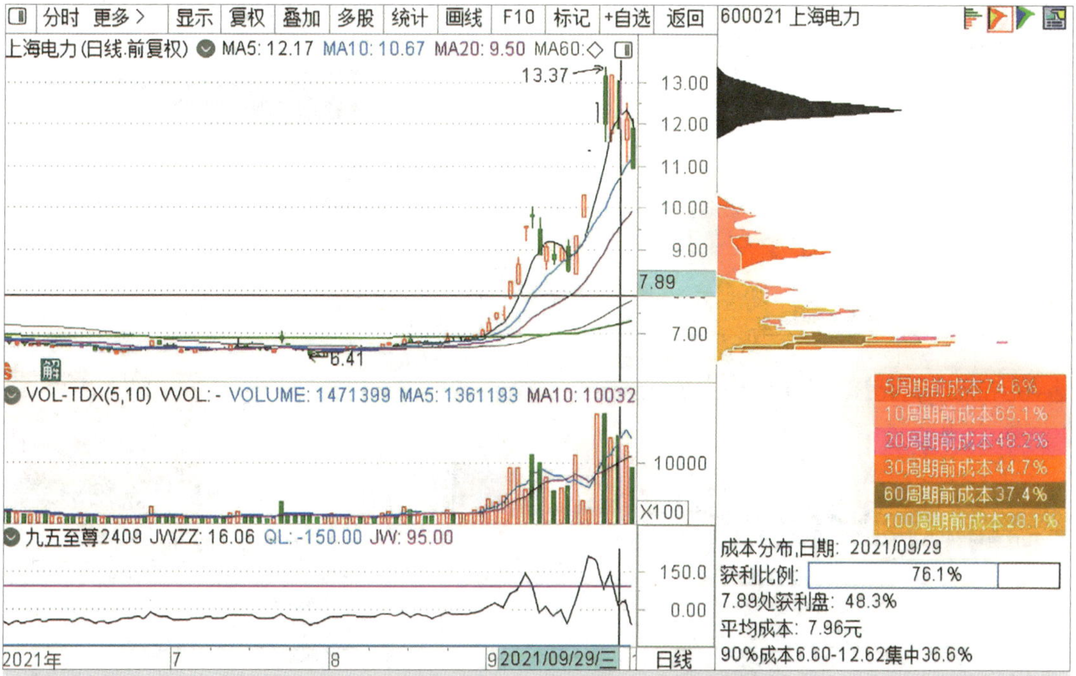

图 5-33　2021 年 9 月 29 日上海电力再次跌破九五线

案例 5-10 新时达（002527）

图 5-34 2023 年 6 月 15 日新时达上穿九五线

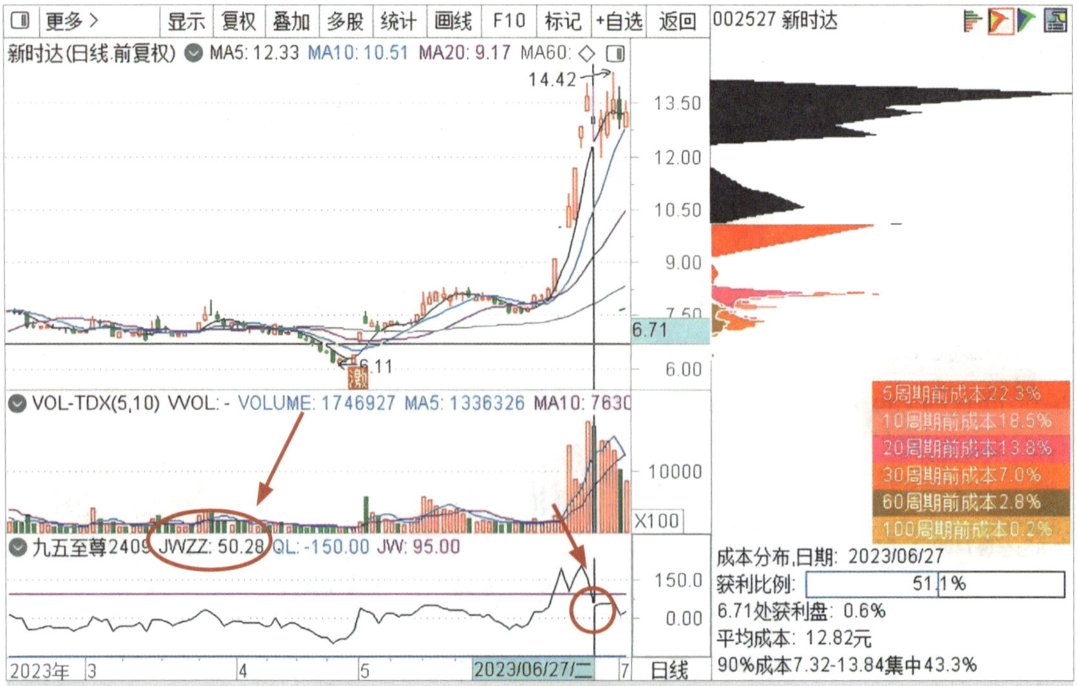

图 5-35 2023 年 6 月 27 日新时达跌破九五线

九五至尊答疑

1. 九五至尊指标是不是也有滞后性，股价涨它就涨，股价跌它就跌？

九五至尊是“监视器”，不存在滞后的问题。那些先验的东西都是拿着偶然当必然，自欺欺人罢了！

2. 九五至尊要看前复权吗？

如果刚除权，财务数据还没下来，不复权可以看原来的。等过几天通达信恢复了数据，九五至尊数据就回归正常了。

3. 运用九五至尊选股，需要考虑流通盘大小吗？

不太需要考虑流通盘大小，但一定要是热点中的龙头。

4. 当日冲高回落，九五线会缩回去。个股突破九五线是当日买还是次日买？

收盘前可以确定站上九五线就可以当日买。

5. 九五线对 30 分钟 K 线图、60 分钟 K 线图、周 K 线图、月 K 线图是否具有参考价值？

九五线只看日线。

6. 股票如果没有破九五，可是大美女到了目标位，应该出吗？

可以减仓，美女比九五厉害。

7. 同一板块，九五都上位，有三板、一板，应关注哪一个？

关注最先封板的。

8. 头一天选中的上穿九五线的标的，第二天开盘时出现大幅度下杀，是应该在集合竞价时就挂单买进，还是开盘后看情况再跟进？

开盘下杀，没有跌破九五线可以考虑买入，破了九五线就不考虑了。

9. 个股早上跌破九五线，但盘中又升回来了，卖的时候以盘中为主还是以收盘为主？

盘中若不破三日线可以暂时持有，如果收盘跌破九五线一定要走，就不看三日线了。

10. 同一板块都是九五至尊，一个是一板，另一个是二板，但一板的比二板的封板时间早，那谁是龙头？

当然是二板，但九五只做第一次上穿。错过了就不要了。

11. 静态九五才有确定性吗？必须等到收盘后才能判断吗？

如果盘中进，必须下午 2：55 及其以后上穿九五线才行，早上都是不稳定的。

12. 九五是上穿的，但一统天下又是高出的，以哪一个为准？

是龙头就以九五为准，不是龙头就可以在对应级别做 T。

第二节 潜龙在渊精准抓底抢反弹

“潜龙在渊”字面的意思是阳气潜藏在深渊之处，视君子待时而动，要善于保护自己，保存实力，不可轻举妄动。

人生有高潮也有低谷，在低谷时不要迷失，要时刻准备着，等待高潮的来临。

当个股九五至尊指标跌破潜龙线时，QL 指数在 -150，JWZZ 指数一般在 -100 左右或负得更多，此时意味着股价见底，即将迎来一波上涨，但下穿潜龙线后还有可能继续下探，因此要等到日 K 线出现底分型且股价收盘站上 5 日均线后再买入上车，或者股价有企稳上升的可能性后再买入。下面是潜龙在渊的一些案例（见图 5-36 至图 5-70）。

案例 5-11 西藏珠峰（600338）

图 5-36 潜龙在渊操作要点

案例 5-12 通富微电（002156）

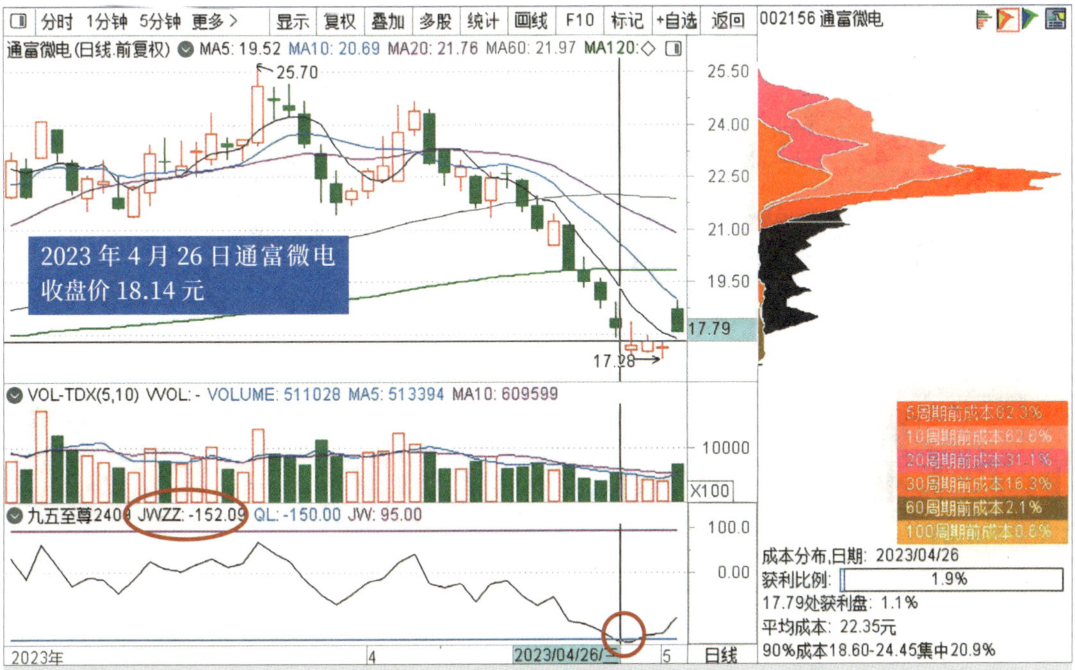

图 5-37 2023 年 4 月 26 日通富微电触碰潜龙线

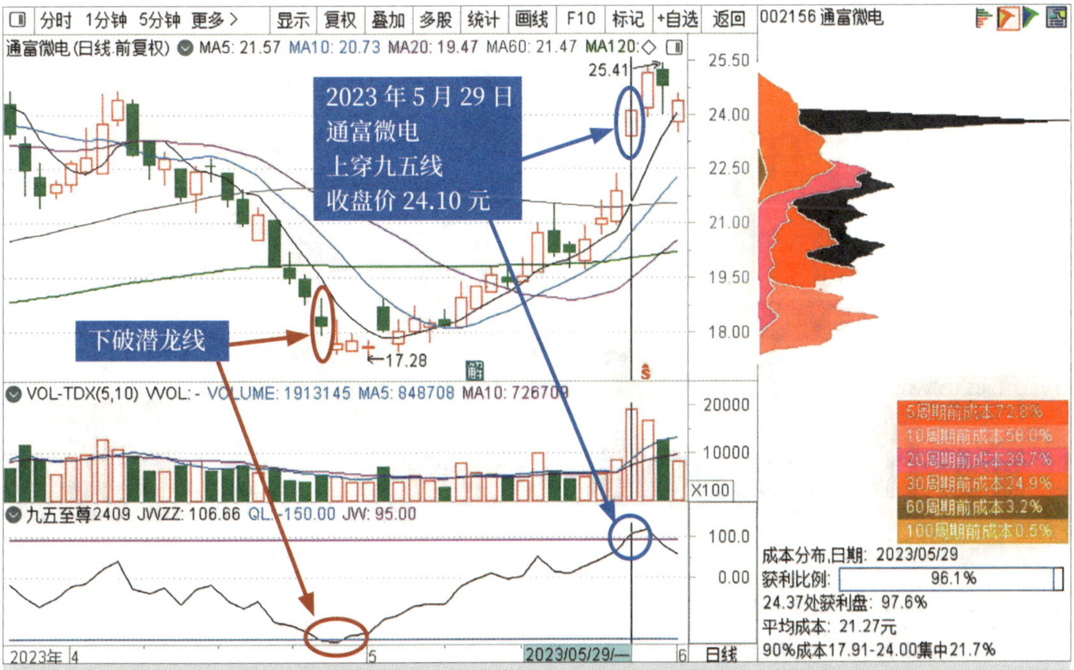

图 5-38 2023 年 5 月 29 日通富微电涨停

案例 5-13 老板电器（002508）

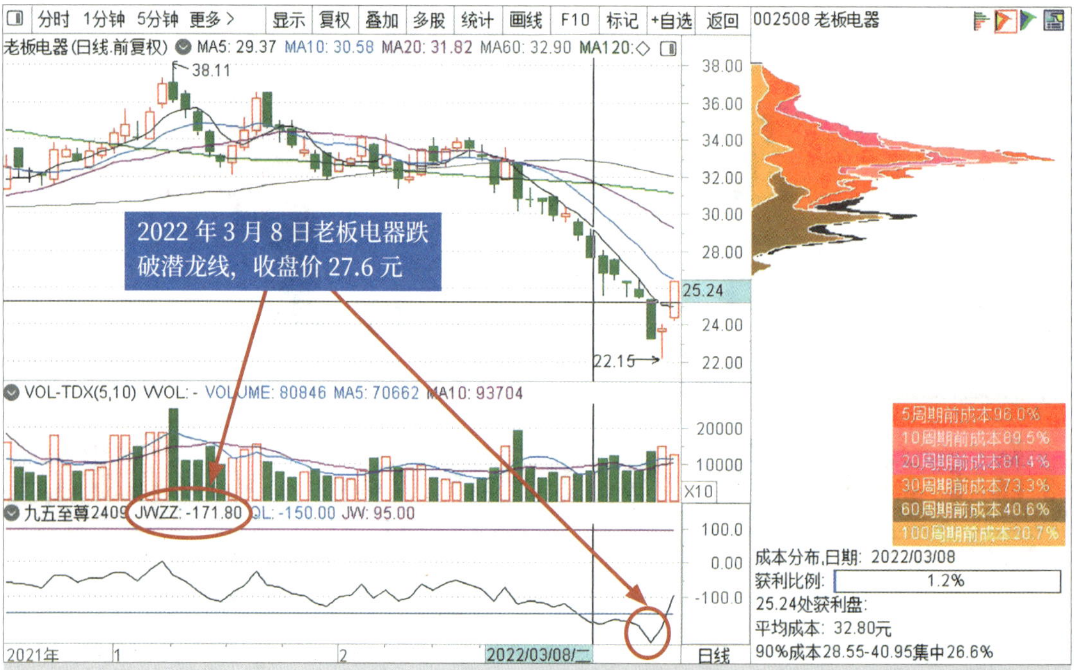

图 5-39 2022 年 3 月 8 日老板电器触碰潜龙线

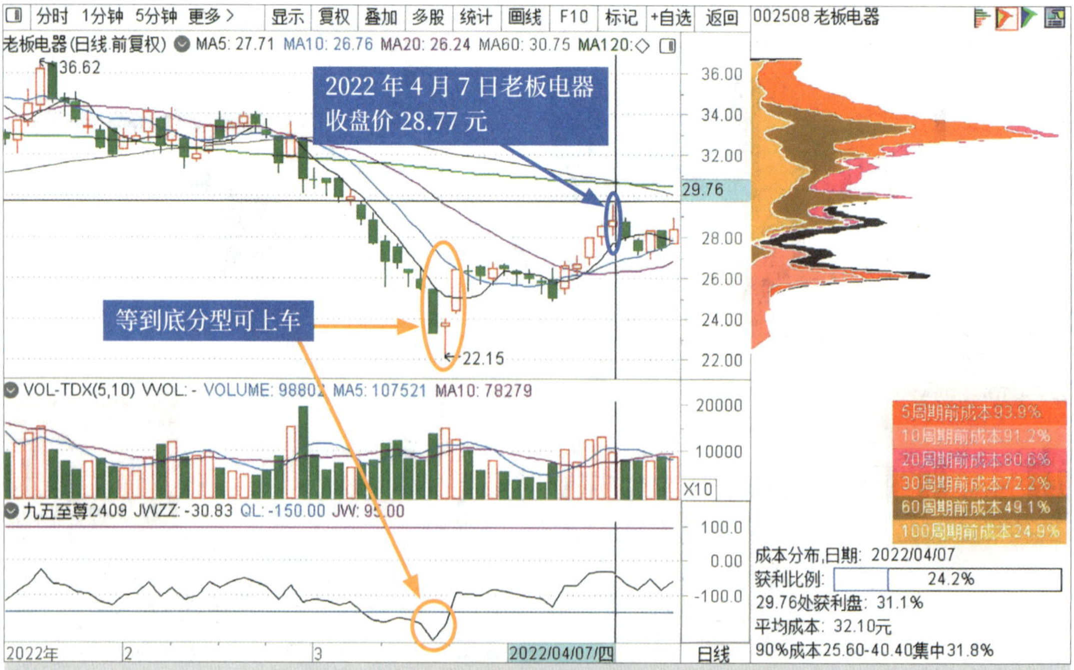

图 5-40 2022 年 4 月 7 日老板电器收盘价 28.77 元

案例 5-14 协鑫集成（002506）

图 5-41　2022 年 4 月 26 日 协鑫集成触碰潜龙线

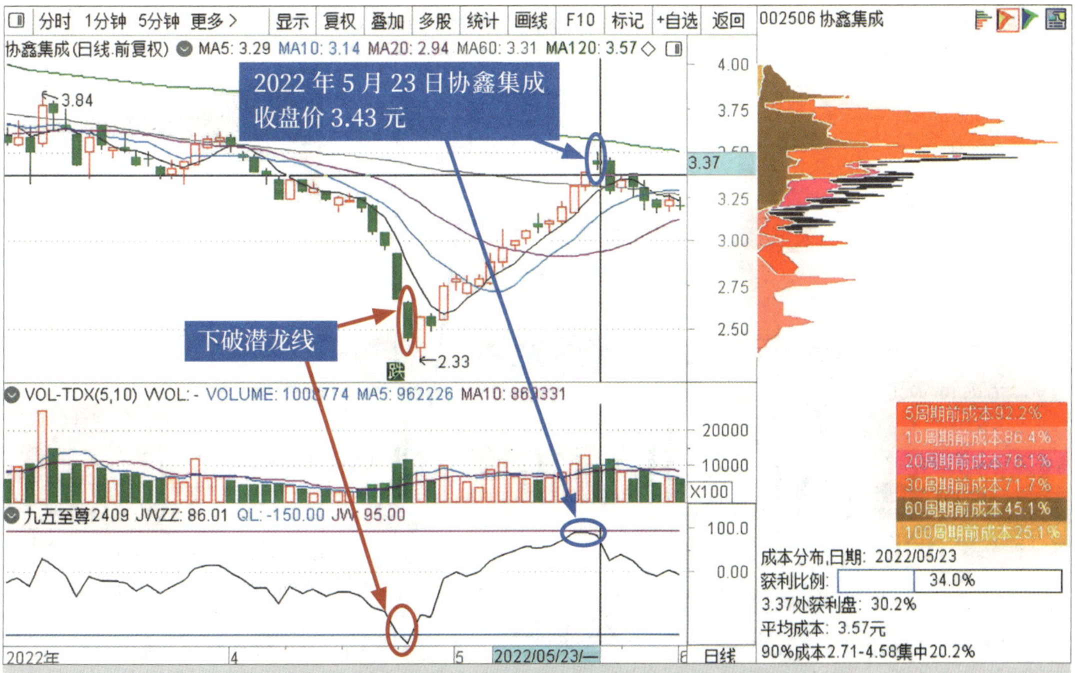

图 5-42　2022 年 5 月 23 日协鑫集成收盘价 3.43 元

案例 5-15 西安饮食（000721）

潜龙在渊捕捉妖股，是龙头股的二波行情。

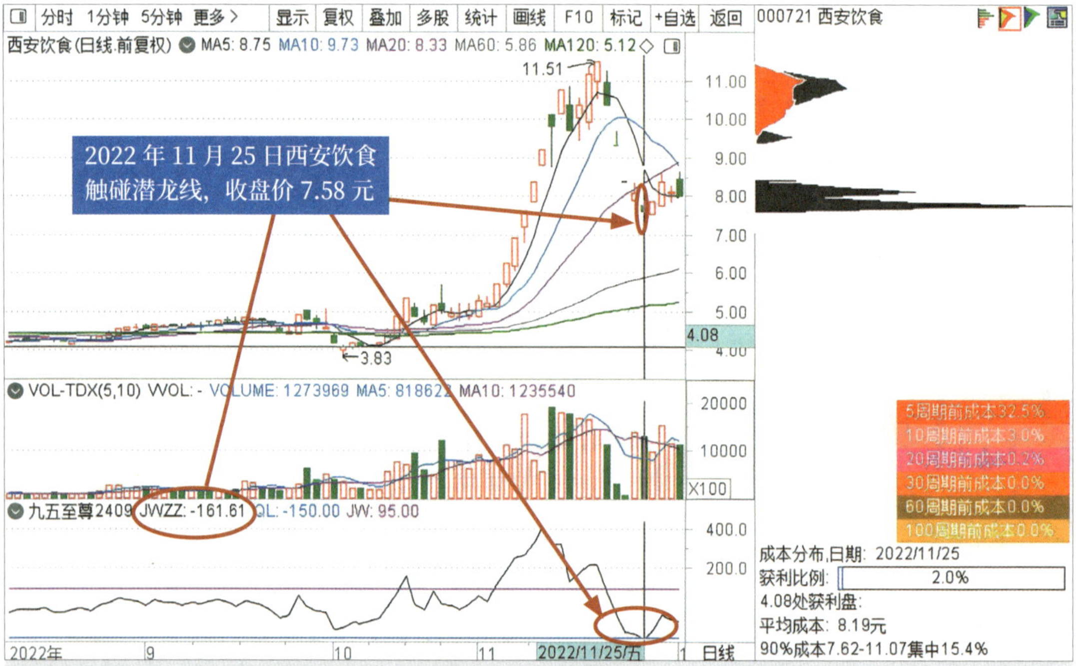

图 5-43　2022 年 11 月 25 日西安饮食触碰潜龙线

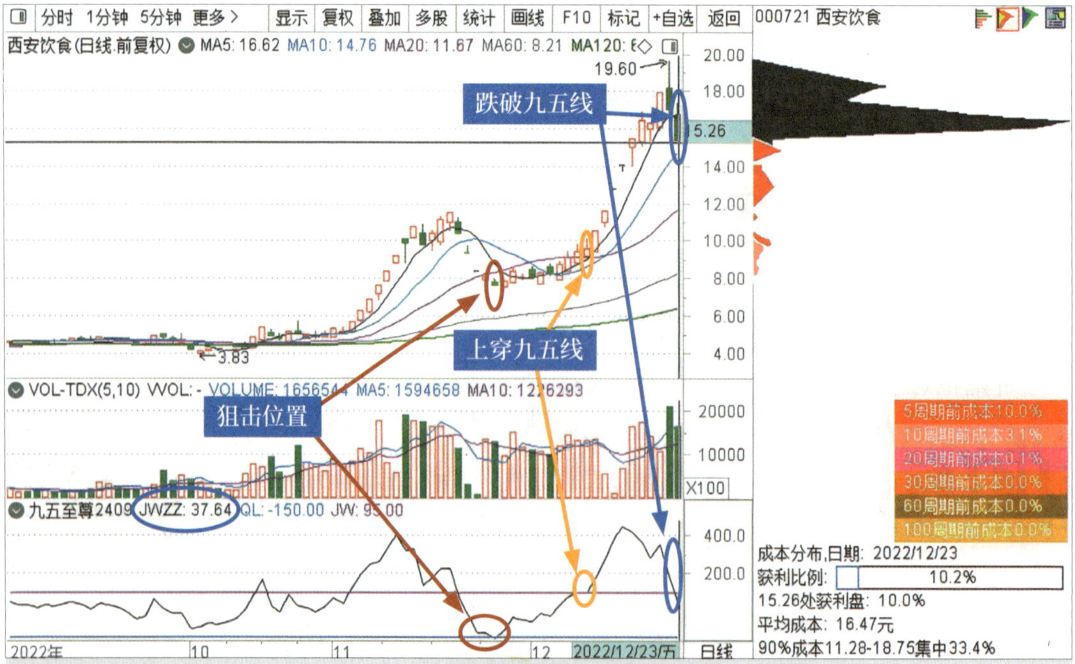

图 5-44　2022 年 12 月西安饮食日 K 线走势

案例 5-16 中交地产（000736）

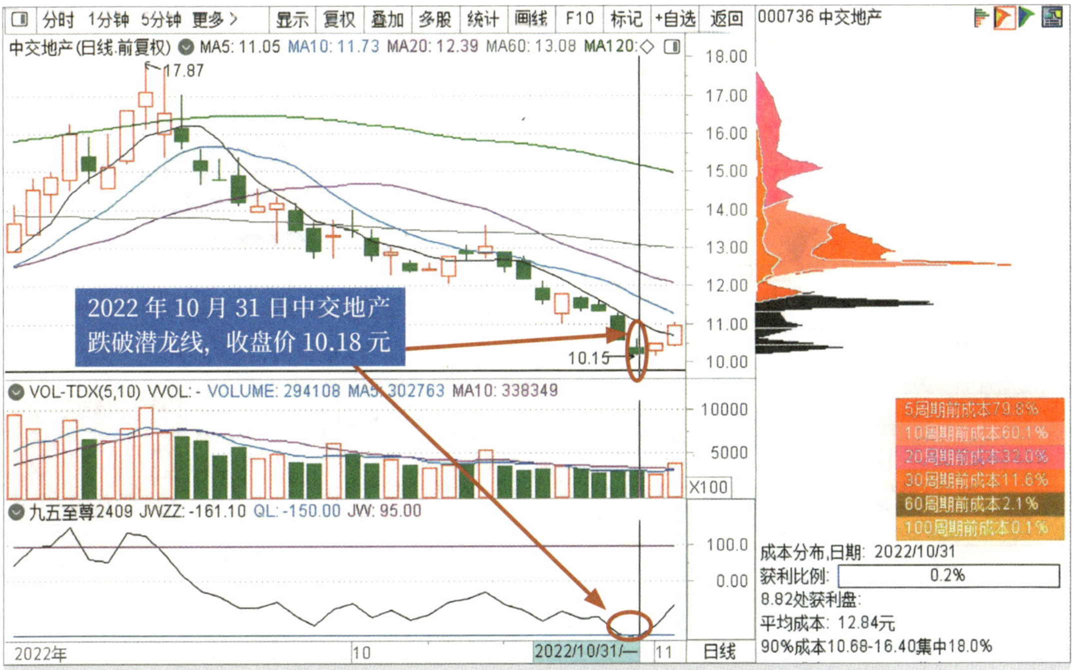

图 5-45 2022 年 10 月 31 日中交地产跌破潜龙线

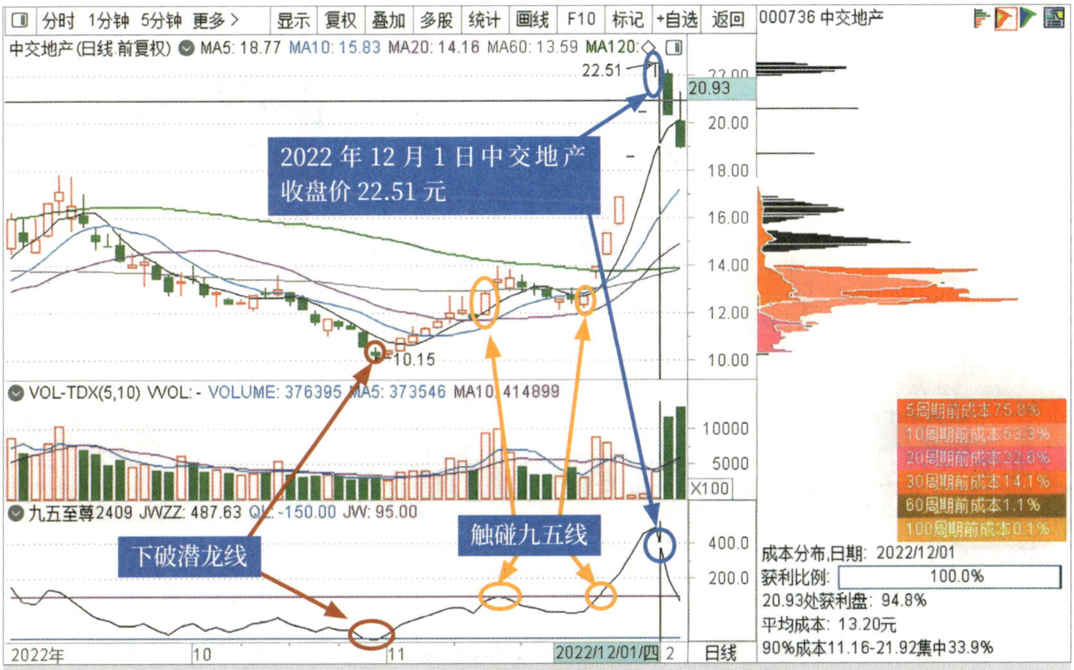

图 5-46 2022 年 9 月至 12 月中交地产日 K 线走势

案例 5-17 力盛体育（002858）

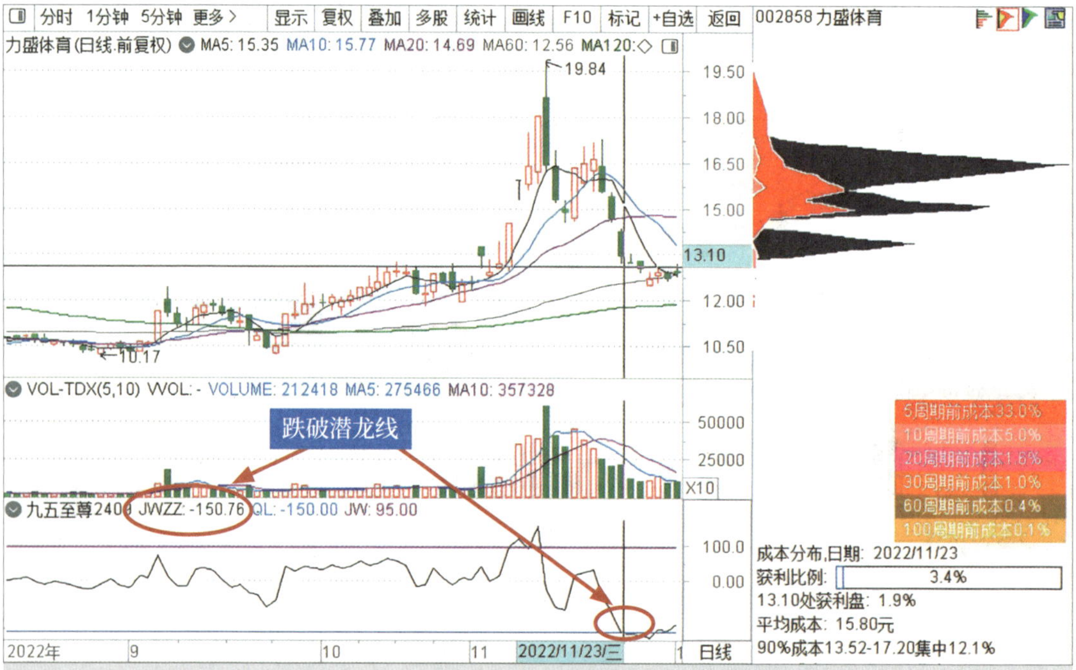

图 5-47　2022 年 11 月 23 日力盛体育跌破潜龙线

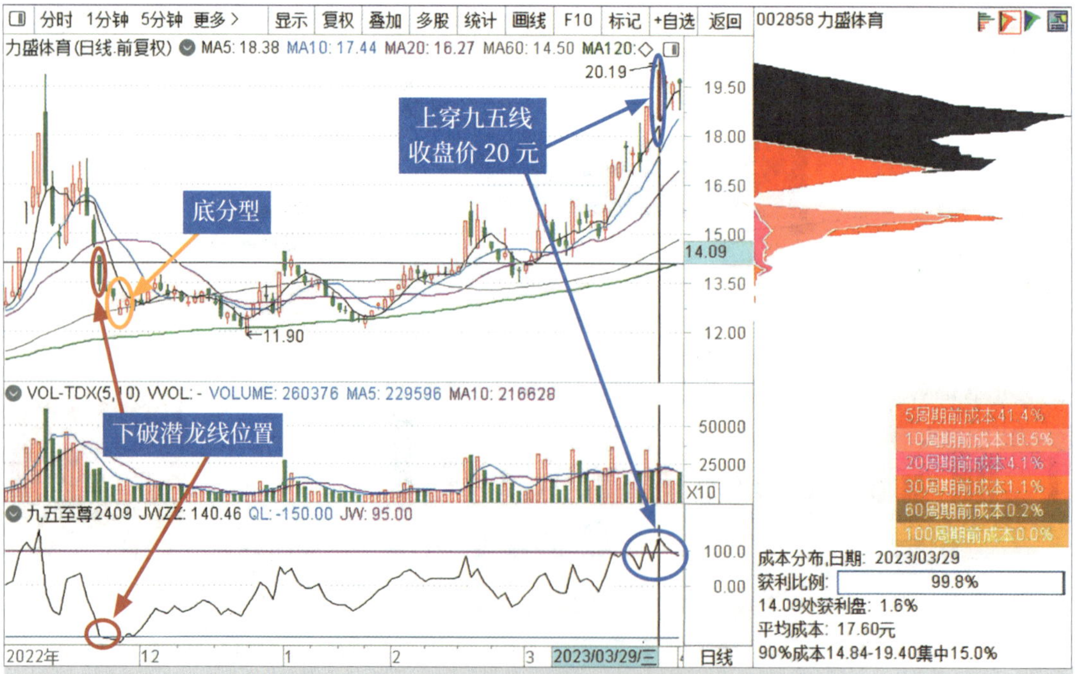

图 5-48　2023 年 3 月 29 日力盛体育上穿九五线

案例 5-18 东望时代（600052）

图 5-49　2024 年 2 月 5 日东望时代下穿潜龙线

图 5-50　2024 年 2 月 26 日东望时代上穿九五线

案例 5-19 九鼎投资（600053）

图 5-51 2024 年 2 月 2 日九鼎投资下穿潜龙线

图 5-52 2024 年 2 月 29 日九鼎投资上穿九五线

案例 5-20 五矿发展（600058）

图 5-53 2022 年 4 月 26 日五矿发展下穿潜龙线

图 5-54 2022 年 6 月 13 日五矿发展在一波上行后下穿九五线

案例 5-21 康欣新材（600076）

图 5-55 2024 年 2 月 5 日康欣新材下穿潜龙线

图 5-56 2024 年 2 月 27 日康欣新材在一波上行后下穿九五线

案例 5-22 金花股份（600080）

图 5-57 2024 年 2 月 5 日金花股份下穿潜龙线后等到底分型

图 5-58 2024 年 2 月 28 日金花股份上穿九五线后下穿九五线

案例 5-23 东风科技（600081）

图 5-59 2024 年 2 月 5 日东风科技下穿潜龙线后等到底分型

图 5-60 2024 年 3 月 18 日东风科技几次触碰九五线后最终上穿九五线

案例 5-24 华生科技（605180）

图 5-61 2024 年 1 月 29 日华生科技下穿潜龙线后等到底分型

图 5-62 2024 年 4 月 8 日华生科技跌破九五线

案例 5-25 天奇股份（002009）

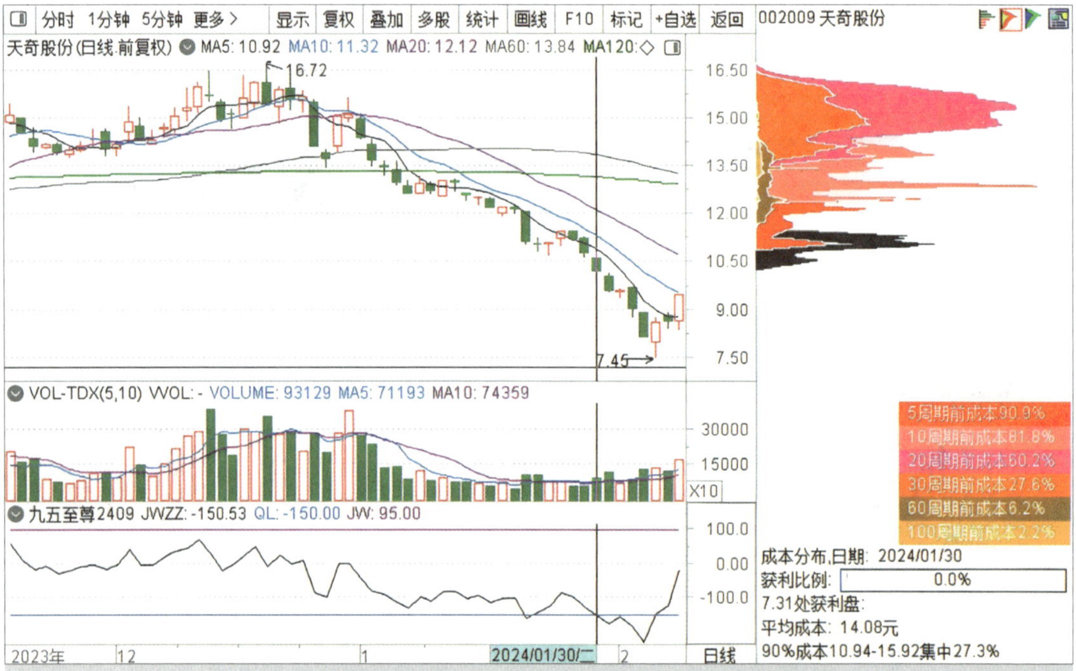

图 5-63 2024 年 1 月 30 日天奇股份下穿潜龙线后等到底分型

图 5-64 2024 年 3 月 19 日天奇股份多次上穿九五线后跌破九五线

案例 5-26 华孚时尚（002042）

图 5-65　2024 年 2 月 5 日华孚时尚下穿潜龙线后等到底分型

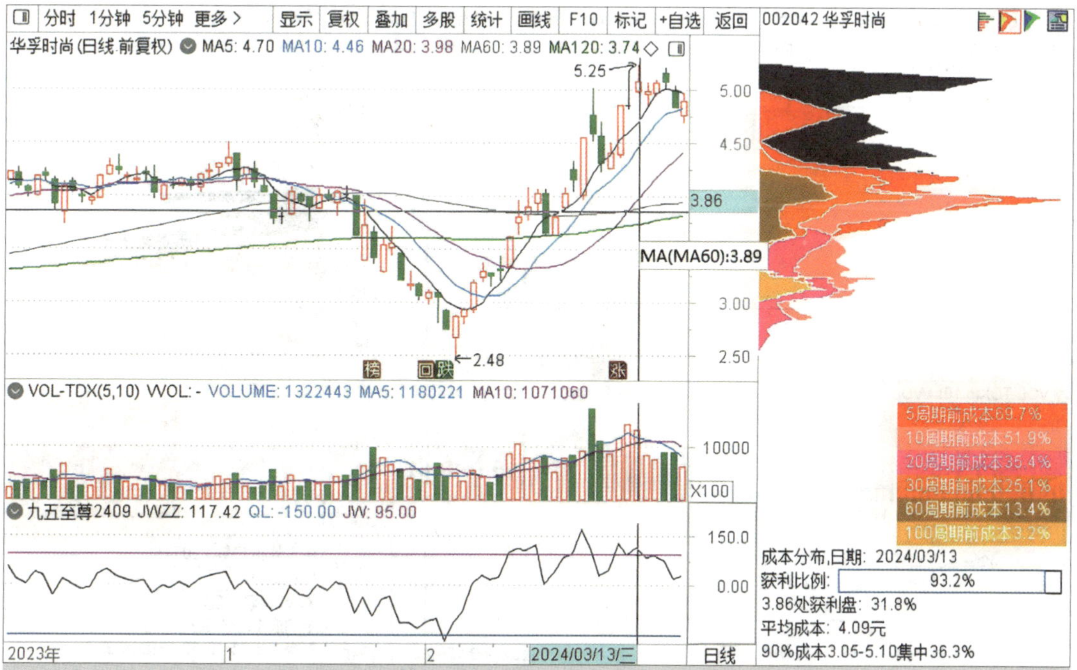

图 5-66　2024 年 3 月 13 日华孚时尚到达高点

案例 5-27 埃科光电（688610）

图 5-67　2024 年 2 月 1 日埃科光电下穿潜龙线后等到底分型

图 5-68　2024 年 3 月 18 日埃科光电到达高点

案例 5-28 复旦复华（600624）

图 5-69 2024 年 8 月 8 日复旦复华触碰潜龙线

图 5-70 2024 年 8 月 30 日复旦复华在底分型后站上五日均线

指标使用提示：潜龙在渊是抄底模式，一定要分仓进行，以防止大盘的系统性风险。首先买入三分之一仓，如果股价上涨则不再加仓；如果股价继续下跌，下跌幅度较第一次买入价达到 10%，再加三分之一仓，以此类推。此时所有人处于绝对常套阶段，等待回暖要有耐心。

潜龙在渊答疑

东田微在潜龙在渊后一路上行到 2023 年 5 月 18 日下午，5 月 19 日拐头向下，信号表示反弹到顶了吗？

潜龙出击后未破 3 日均线持股，或出顶分型走人。

06

第六章

博弈长阳

第一节 博弈长阳的含义及用法

一、博弈 K 线的含义

博弈长阳是笔者开发的一套用于捕捉主升浪的股票指标。安装完成后其会在 K 线下方显示，表示获利盘占流通盘的比例，由于获利盘的比例不会高于 100%，也不会低于 0，博弈 K 线的运行范围就是在 0 到 100 之间，如图 6-1 所示。

图 6-1 博弈长阳 K 线

二、博弈 K 线的运用

一般来说，当博弈 K 线数值低于 5 时，我们即可认为这只股中的投资者几乎全部被套；而当博弈 K 线长度数值高于 80 时，主力一根K线通吃 80%的筹码，说明此时筹码高度集中，主力已经高度控盘，如图 6-2 所示。如果筹码 100%获利，也就是说，该股的获利盘在某天出现了非常大的变化。我们经常可以看到的就是随着股价的飙升，低位买入的投资者获利了，近期浅套的投资者也快速解套获利了，于是该股的获利筹码出现了快速增加，反映到博弈 K 线上，就会形成一根长长的红色阳线，这就是博弈 K 线长阳。

博弈 K 线长阳，不能用作买入的决策依据，主要用于辅助判断准备买入的股票是否已被主力强力控盘，被主力强力控盘的股票，在爆发的时候会比普通股票更强。

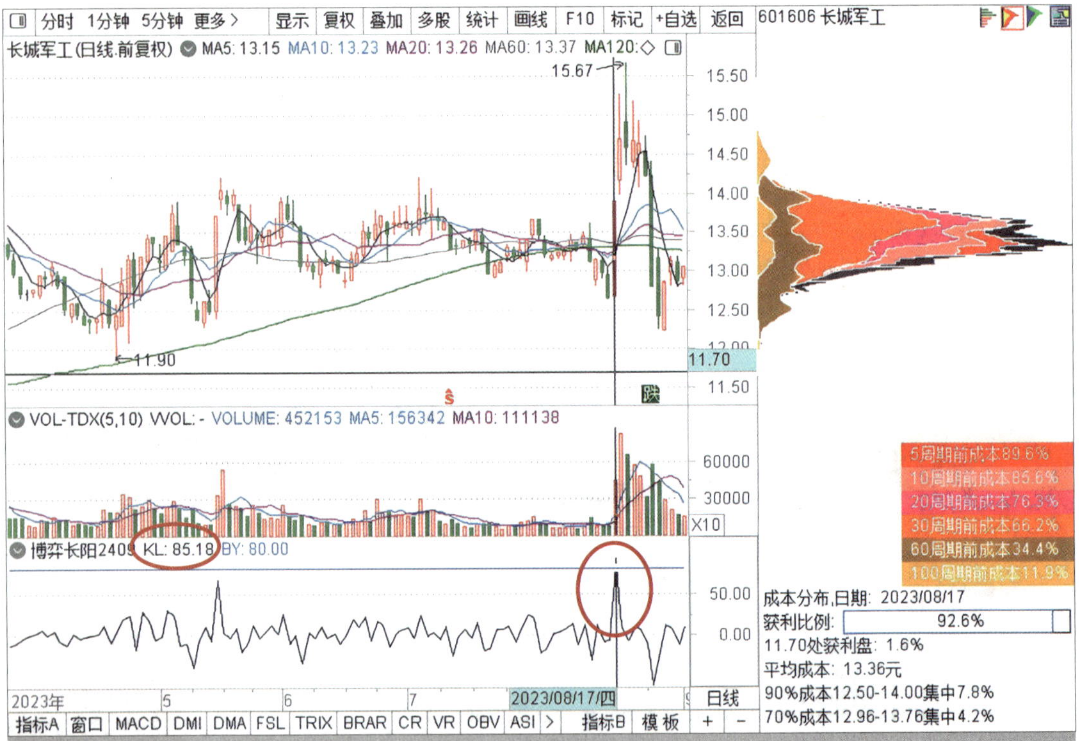

图 6-2　2023 年 8 月 17 日长城军工 KL 值达到 80 以上

三、博弈 K 线长阳案例

1. 博弈K线长阳捕捉主力建仓新股

案例 6-1 云从科技 -UW（688327）

第一步：找出 KL 值大于 80 的个股。2022 年 5 月 31 日云从科技 -UW KL 值为 97.40，符合目标，如图 6-3 所示。

图 6-3 找出 KL 值大于 80 的个股

第二步：加入选股板块。点击“Ctrl+Z”将 KL 值大于 80 的个股“加入自选股板块”；将云从科技 -UW 加入“22 博弈 K 线强庄入驻”板块，如图 6-4 所示。

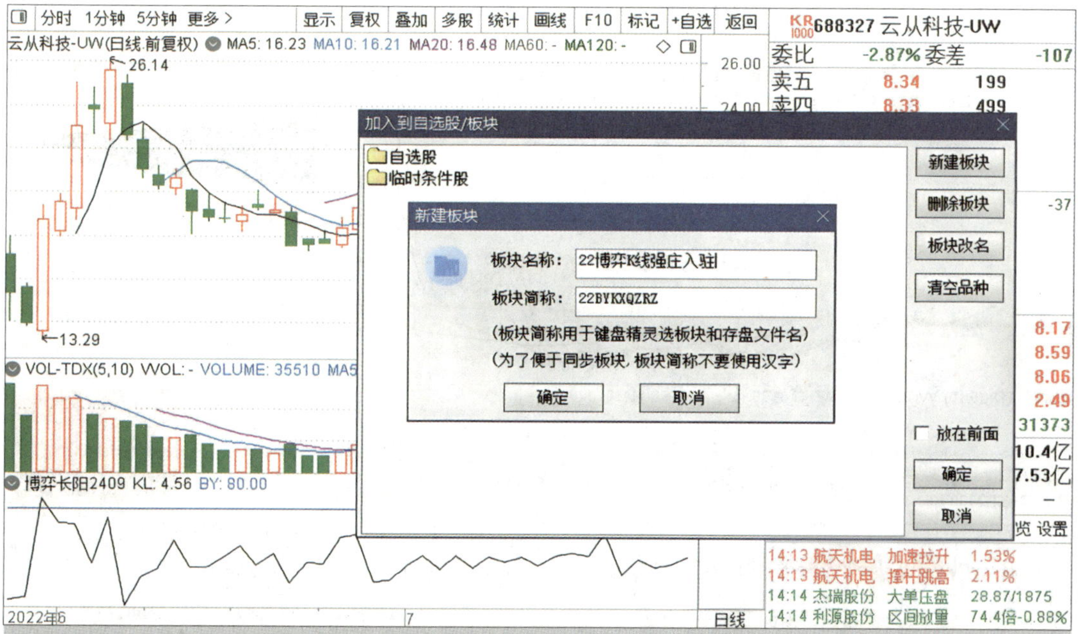

图 6-4 将 KL 值大于 80 的个股加入自选股板块

第三步：建仓完毕后，静待花开。2022 年 5 月 31 日后，不少投资者跟风进入，但股价开始跌落，跟风者多数被套牢，随后云从科技 -UW 进行了长达半年的洗盘，如图 6-5 所示。

图 6-5　庄家入驻后进行长时间洗盘

第四步：等待股价翻倍。2023 年 1 月 31 日，云从科技 -UW 借助 AIGC 概念短期内完成股价翻倍，如图 6-6 所示。

图 6-6　洗盘结束，开始拉升

2. 博弈K线长阳捕捉主力在突发利好后，高位收集筹码

案例 6-2 传艺科技（002866）

第一步：2022 年 7 月 7 日传艺科技突发利好后，主力在高位收集筹码，如图 6-7 所示。

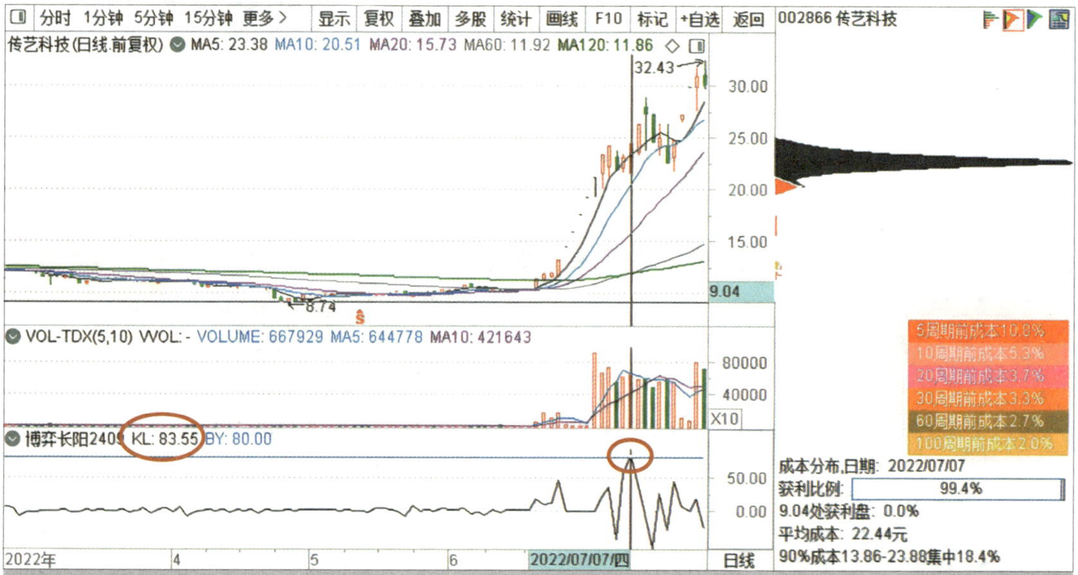

图 6-7　2022 年 7 月 7 日传艺科技 KL 值达到 80 以上

第二步：经过两个月中枢震荡后，完成洗盘，如图 6-8 所示。

图 6-8　2022 年 7 月初至 9 月初传艺科技股价呈箱体震荡状态

第三步：经过两个月的中枢震荡后完成洗盘，短时间内完成高位翻倍，总升幅达到 500%，如图 6-9 所示。

图 6-9　2022 年 9 月 2 日至 2022 年 9 月 26 日传艺科技股价再次大涨

3. 博弈 K 线长阳发生在当前热点板块

案例 6-3 豆神教育（300010）

第一步：2022 年 6 月 13 日，教育板块集体启动，豆神教育的 KL 值达到 80 以上，收盘价为 3.80 元，如图 6-10 所示。

图 6-10　2022 年 6 月 13 日豆神教育 KL 值达到 80 以上

第二步：随后5个交易日，股价大幅上涨，完成股价翻倍，如图6-11所示。

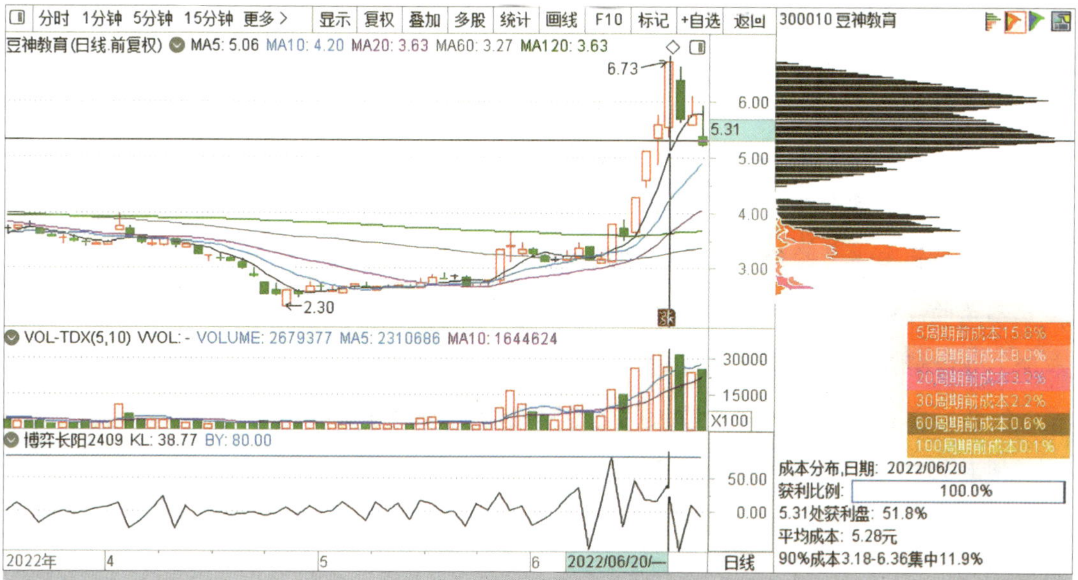

图6-11 2022年6月20日豆神教育收盘价为6.73元

博弈K线长阳还可以配合其他战法形成共振，大大提高了其他战法的准确率和收益率。

博弈长阳答疑

1. 在博弈长阳KL值盘中超过80甚至接近90，如果收盘回到80甚至80以下，还算强庄吗？

不算，必须收盘在80以上。

2. 操作潜龙在渊叠加博弈长阳时，反弹压力位是看筹码峰还是看均线？

看筹码峰。

3. 在上升趋势中出现博弈长阳的上涨空间怎么算，是从出现博弈长阳的那天算它的1~1.5倍吗？升幅1.5倍是指目标价为波段低点的1.5倍还是2.5倍？

博弈长阳是从长阳前的阶段低点起算1.5倍。升幅1.5倍是指波段低点的2.5倍。

4. 博弈长阳是使用前复权还是不复权？

前复权。

5. 出现了博弈长阳，多长时间之内会有效？过了两三个月还有效吗？

只要长阳前的阶段低点没有1.5倍，升幅前就一直有效。

6. 博弈长阳选出的股票已经翻了6倍，然后跌到2折，一年后蛟龙出海是否还有效？

无效。

7. 博弈长阳KL值适用于周线、月线吗？

不适用，博弈长阳指标只适用于日线。

8. 博弈长阳当天的价格是不是代表主力建仓的区间价格呢？

不是的。长阳是主力高控盘的信号，所以博弈长阳出现当天的股价不代表主力成本价，可能好几天前主力就已经进来了。

9. 某股票出现博弈长阳后暴跌，是意味着主力全跑了吗？

博弈长阳与股价涨跌没有关系，只是说明主力控盘了，控盘后可以反手向下做。

第二节 博弈K线长阳配合九五至尊抓龙头

博弈长阳反映的是主力控盘程度，但是主力也有试盘不成功的情况，且主力需要不断洗盘来降低成本和拉升自身股价，因此通过博弈长阳选股后需要等待一段时间，若能结合九五至尊，则成功的概率会更大。

若一只股票出现了博弈长阳（KL 值高于 80 的情况），则可持有跟踪，若配合九五至尊战法，获利概率将更大。若一个板块有多只股票出现了博弈长阳，则该板块在不久的将来成为龙头板块的概率极大。

案例 6-4 云从科技 -UW（688327）

一只股票出现博弈长阳后，配合九五至尊可以轻松参与三波主升浪，将时间收益发挥到最大（见图 6-12）。

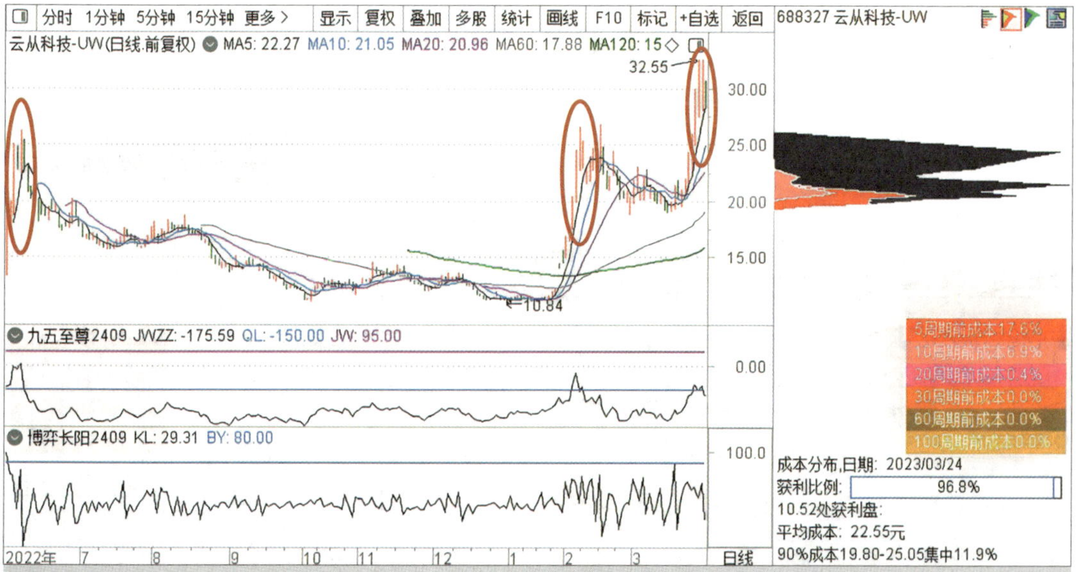

图 6-12 2022 年 5 月 31 日至 2023 年 3 月 30 日云从科技日 K 线走势

案例 6-5 初灵信息（300250）

2023 年 2 月 13 日，初灵信息高位小阳被捕捉到，且 KL 值达到 80，JWZZ 值也来到了 88，逼近 95，如图 6-13 所示。其后又迎来了两个连涨，其中一个还是涨停。

图 6-13　2023 年 2 月 13 日初灵信息 KL 值达到 80，JWZZ 值达到 88

2023 年 2 月 14 日，初灵信息 JWZZ 值突破 95（见图 6-14），股价上涨，其后的 2 月 15 日实现了涨停，分时图如图 6-15 所示。

图 6-14　2023 年 2 月 14 日初灵信息 JWZZ 值达到 95

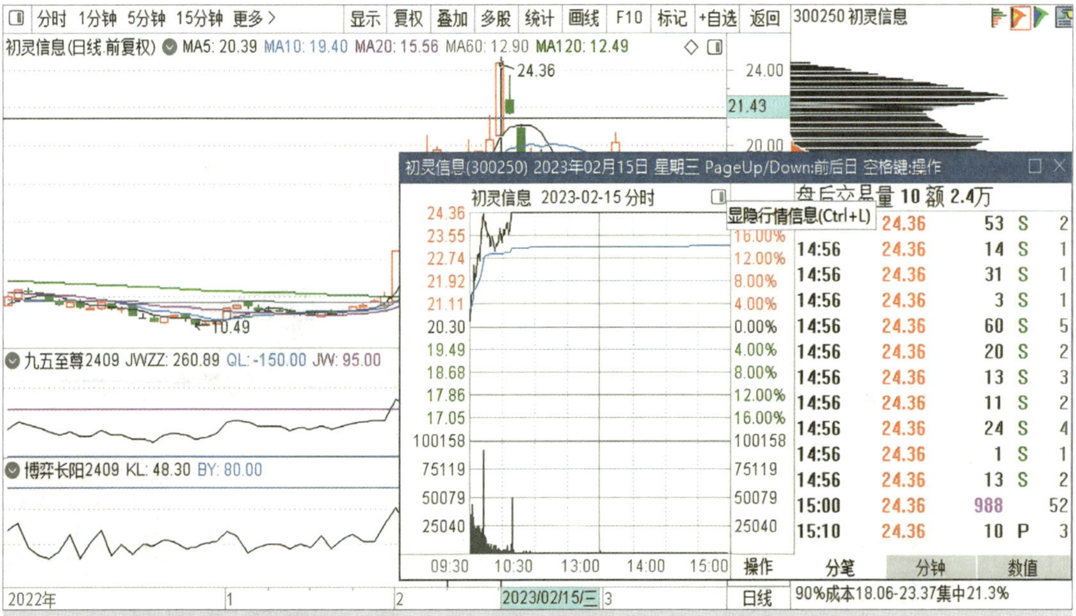

图 6-15 2023 年 2 月 15 日初灵信息涨停及其分时图

案例 6-6 青木科技（301110）

2022 年 5 月 12 日青木科技 KL 值达到 80 以上，说明主力已经控盘，且控盘行为较为隐蔽，如图 6-16 所示。可持有该股票并长期跟踪。

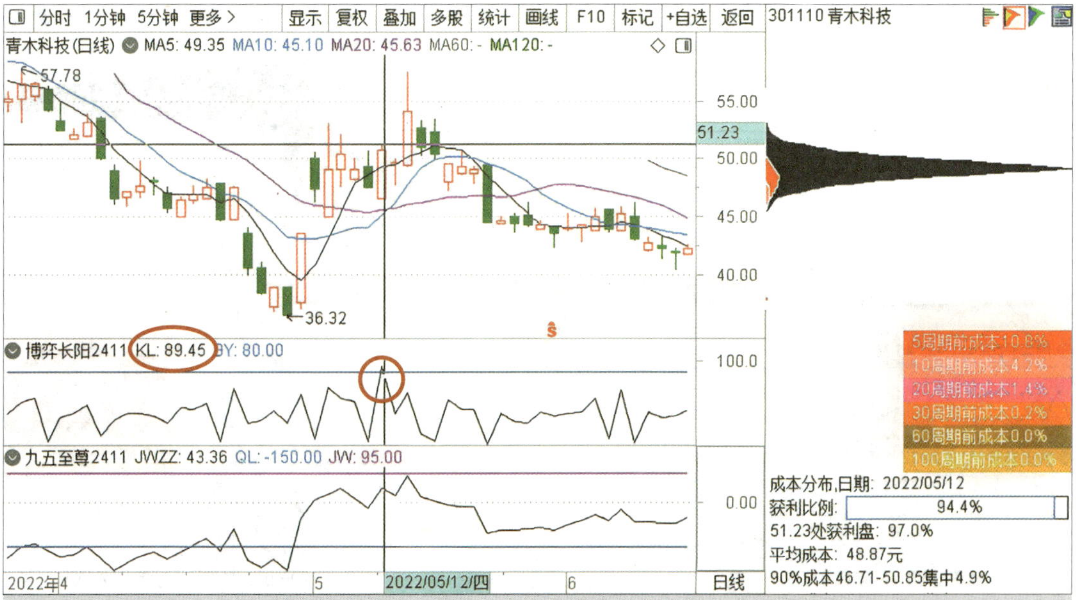

图 6-16 2022 年 5 月 12 日青木科技 KL 值达到 80 以上

经过10个月左右的整理洗盘，2023年3月17日，青木科技JWZZ值上穿九五线，接下来将是一波大涨，如图6-17所示。

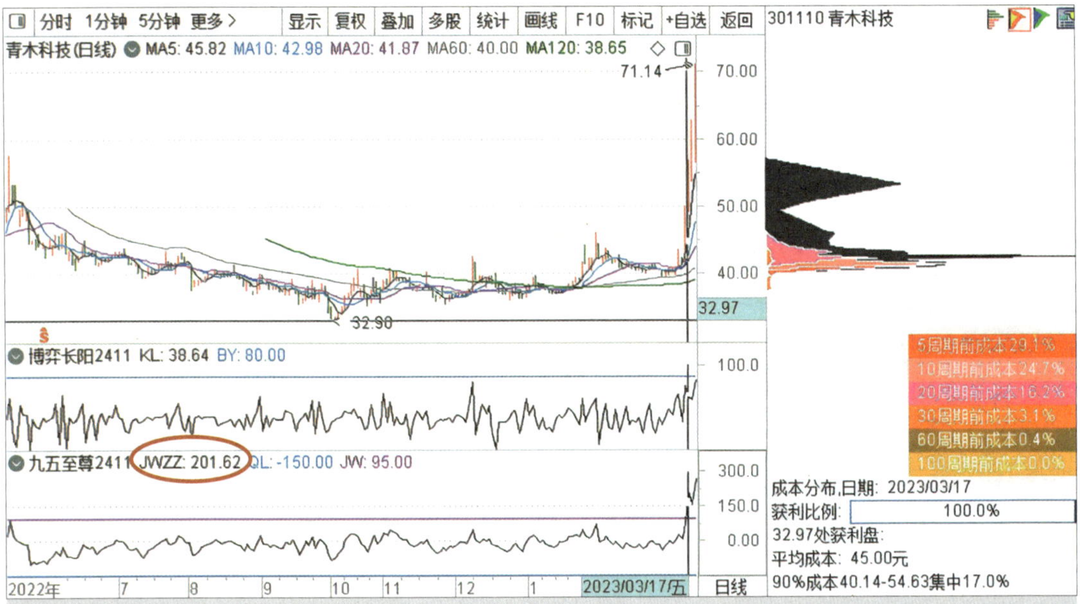

图6-17 2023年3月17日青木科技JWZZ值上穿九五线

青木科技在2023年3月17日至2023年3月27日期间迎来了七连涨，累计涨幅高达80%，如图6-18所示。

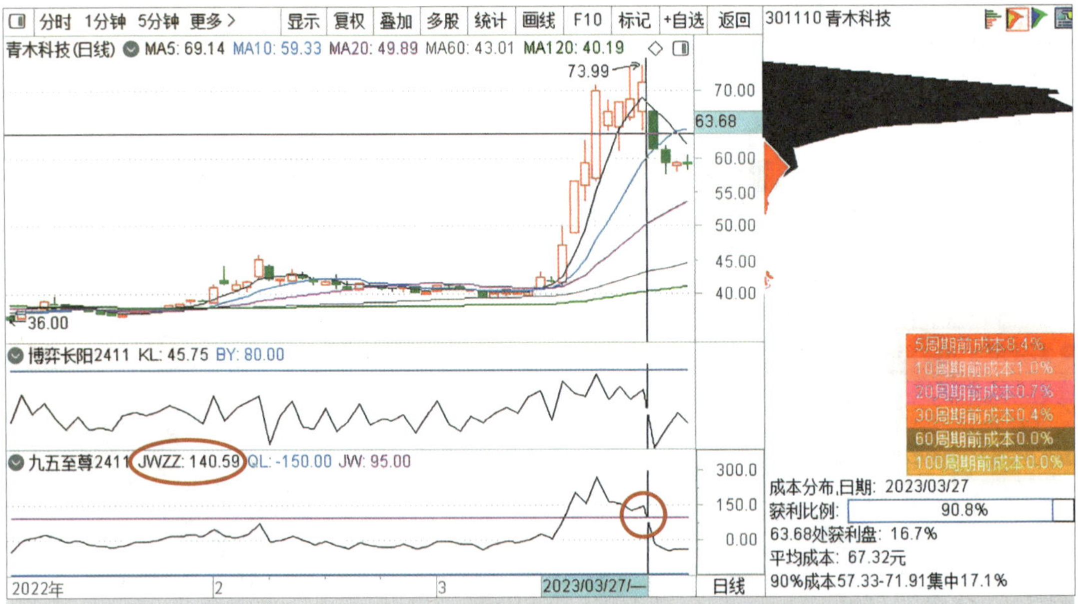

图6-18 2023年3月17日至2023年3月27日青木科技出现七连涨

案例 6-7 值得买（300785）

2023 年 3 月 8 日，值得买经过半年的平台整理后，KL 值达到 85，如图 6-19 所示。

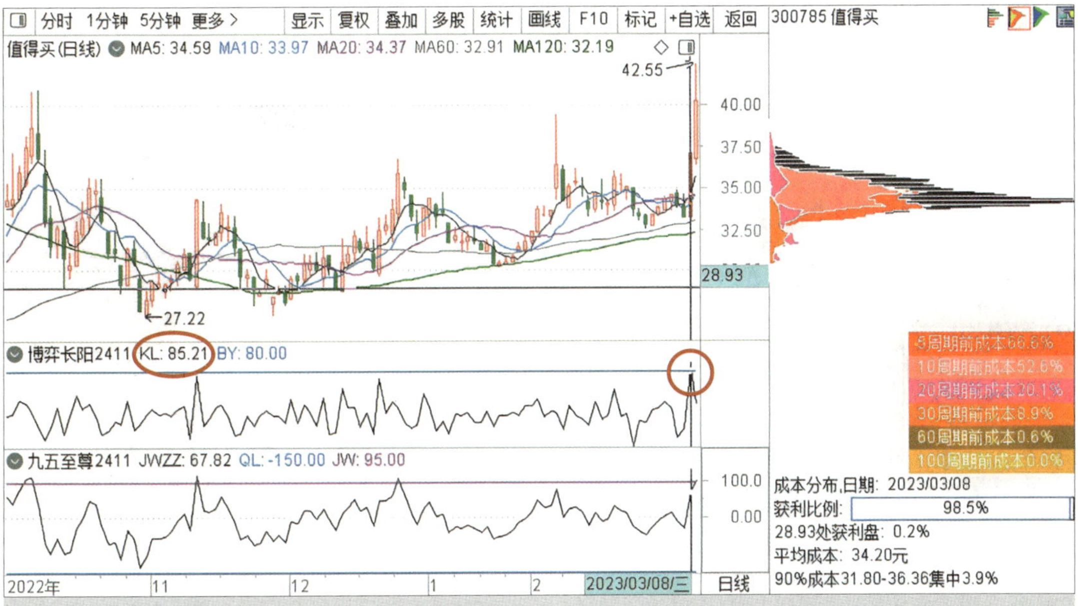

图 6-19 2023 年 3 月 8 日值得买 KL 值达到 85

2023 年 3 月 9 日，值得买 JWZZ 值上穿九五线，随后 13 个交易日，股价一路上涨，完成了 40.29 元到 59.01 元的上涨，涨幅约 46%，如图 6-20、图 6-21 所示。

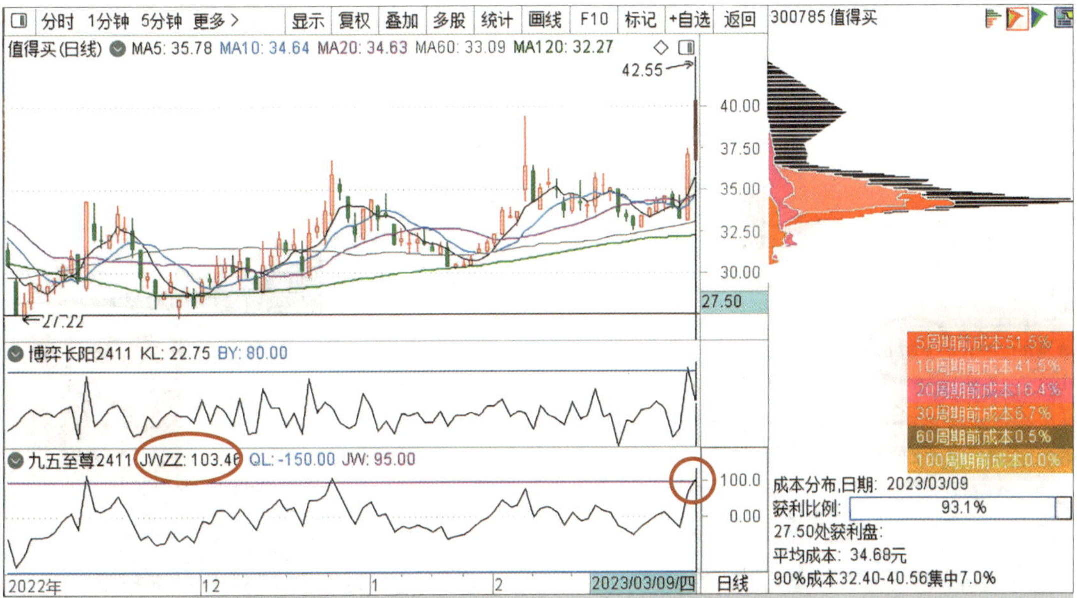

图 6-20 2023 年 3 月 9 日值得买 JWZZ 值达到 95 以上

图 6-21 2023 年 3 月 9 日后值得买连续上涨

案例 6-8 康普化学（834033）

2022 年 12 月 21 日康普化学上市，2022 年 12 月 22 日康普化学的 KL 值即超过 80，主力控盘意图暴露，JWZZ 值也突破 95，随后股价一路上涨，如图 6-22 所示。

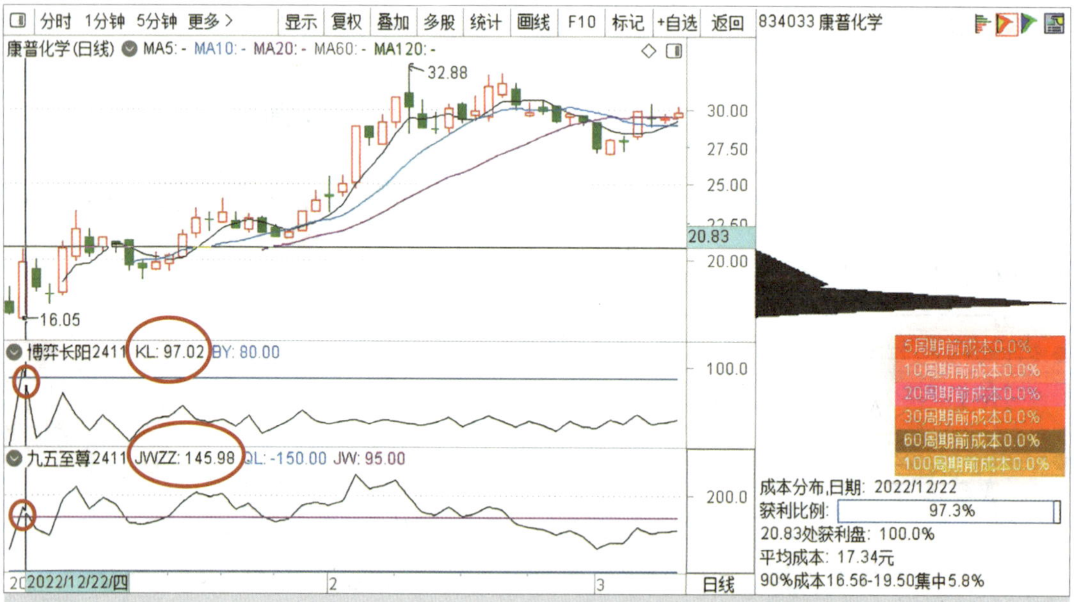

图 6-22 2022 年 12 月 22 日康普化学 KL 值超过 80，JWZZ 值突破 95

案例 6-9 依米康（300249）

2022 年 2 月 8 日，依米康在挖坑后快速修复，KL 值达到 86，如图 6-23 所示。

图 6-23 2022 年 2 月 8 日依米康 KL 值超过 80

2022 年 2 月 18 日，依米康经过短暂的整理，JWZZ 值上穿九五线，如图 6-24 所示。

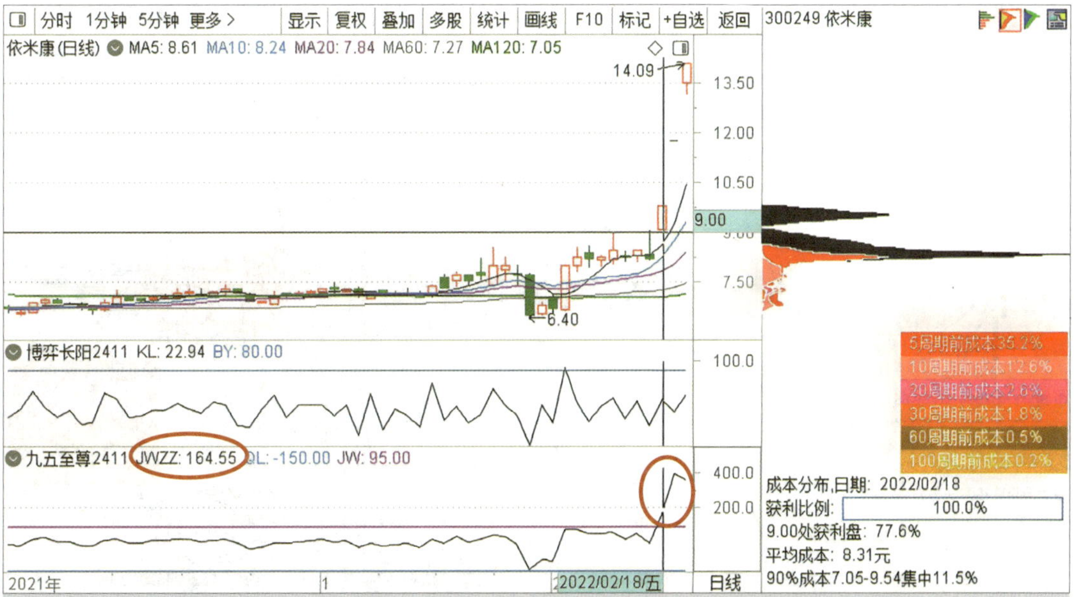

图 6-24 2022 年 2 月 18 日依米康 JWZZ 值上穿九五线

2022 年 2 月 19 日至 2022 年 3 月 3 日，依米康快速上涨，股价实现翻倍，成为当时市场的咖位龙头，如图 6-25 所示。

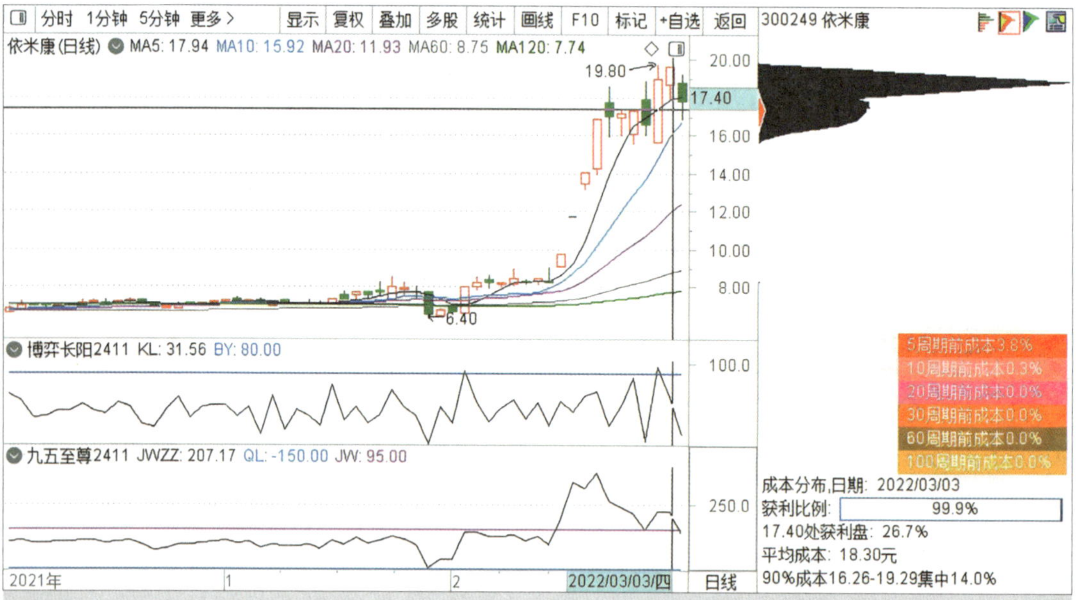

图 6-25 2022 年 2 月 19 日至 2022 年 3 月 3 日依米康快速上涨

案例 6-10 微创光电（430198）

2024 年 9 月 13 日微创光电 KL 值超过 80，且 JWZZ 值在 95 以上，如图 6-26 所示。

图 6-26 2024 年 9 月 13 日微创光电 KL 值超过 80，JWZZ 值超过 95

2024 年 9 月 30 日微创光电在等来底分型之后站上九五线，如图 6-27 所示。

图 6-27　2024 年 9 月 30 日微创光电站上九五线

2024 年 10 月 8 日微创光电股价创新高，达到 11.60 元，相较于博弈长阳初出之时，股价大幅上涨，如图 6-28 所示。2024 年 10 月 9 日微创光电下穿九五线后又多次上穿九五线，并在短期内实现股价翻番。

图 6-28　2024 年 10 月 8 日微创光电股价创新高

博弈长阳分时抓涨停答疑

1. 博弈长阳指标出现在最近的周K线和月K线上，有效吗?

无效。

2. 博弈长阳的指标，复权和不复权成交量是存在结果差异的，如果不复权，博弈长阳的值就没过80，但是复权后就过80了。那么需不需要在系统设置里去勾选复权成交量?

要前复权。

3. 博弈长阳指标出现后，股价翻了6倍，后股价又跌至最高点的2折，在博弈长阳指标出现一年后又出现蛟龙出海，该博弈长阳指标是否还有效?

无效。

4. 如果是新股上市第一天出现博弈长阳的强庄信号且上市第一天就出现了200%的涨幅，那么这个强庄信号是否还有效?

有效。

5. 某个股在上市半年内出现过3次博弈长阳指标，然后一路下跌，在底部横盘两年半，做了个大的头肩底，颈线到头部的高度为颈线到0轴的高度的70%，且陆续出现过十多个涨停板，目前面临突破，请问之前的博弈长阳还有效吗?

有效。

6. 半年前出现的博弈长阳指标到现在还没大涨，那么博弈长阳指标还有效吗?

当然有效。

07

第七章

一统天下

第一节 一统天下长线运用

一、一统天下指标应用要点

一统天下是笔者研发的一款综合性运用指标，既可用于长线，也可用于短线。长线主要观察倚天剑和波段买点，同时要分清指导周期和操作周期，还要结合 5 日均线来应用。长线运用时，一定要大盘见底后进行操作。因此，学会看上证指数很重要，如图 7-1 所示。

图 7-1　2021 年 12 月至 2023 年 5 月上证指数日 K 线趋势

二、一统天下指标长线应用

一统天下指标长线应用主要是针对波段买点（倚天剑）的。一统天下指标出现倚天剑（白底黑色向上的实心指标，黑底白色向上的实心指标），或波段买点大于 10 的时候，表示有主力进场，后续较易拉升。周线级别指导 30 分钟操作级别，日线级别指导 5 分钟操作级别。因此，指导周期图里出现倚天剑，等操作级别波段买点大于 10，出现底分型并站上 5 日均线后，即可买入，然后等待拉升。

案例 7-1 中航电测（300114）

中航电测在 2022 年 9 月 15 日一直提示备钱信号，启动信号十分强烈，我们只需要等一个缠论的底分型站上 5 日均线就可以考虑入场，如图 7-2 所示。

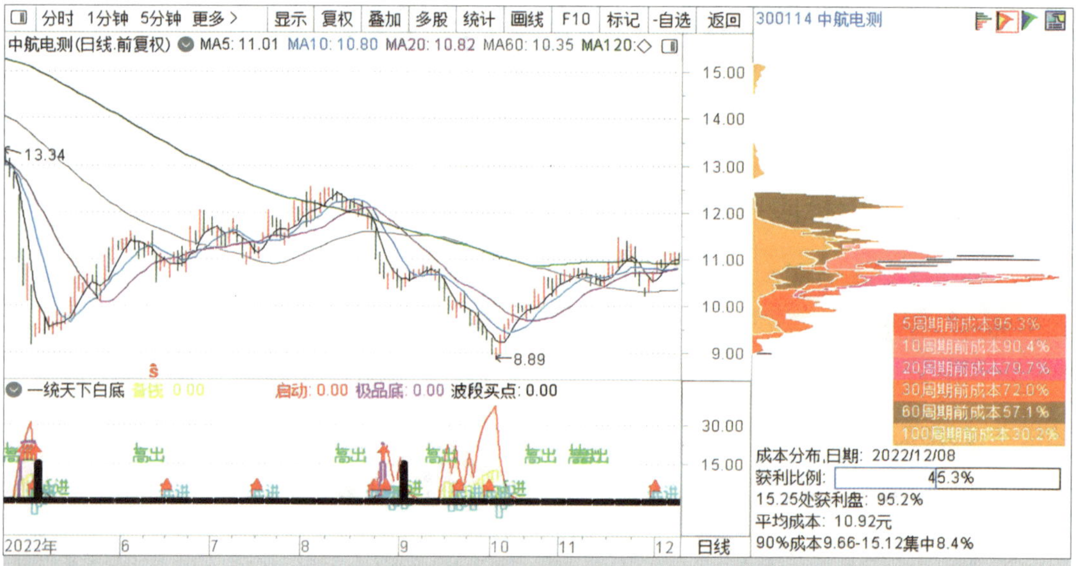

图 7-2 中航电测 2022 年 9 月发出极品底和备钱信号

中航电测在 2023 年 2 月大牛启动前两次出现了倚天剑，如图 7-3 所示。

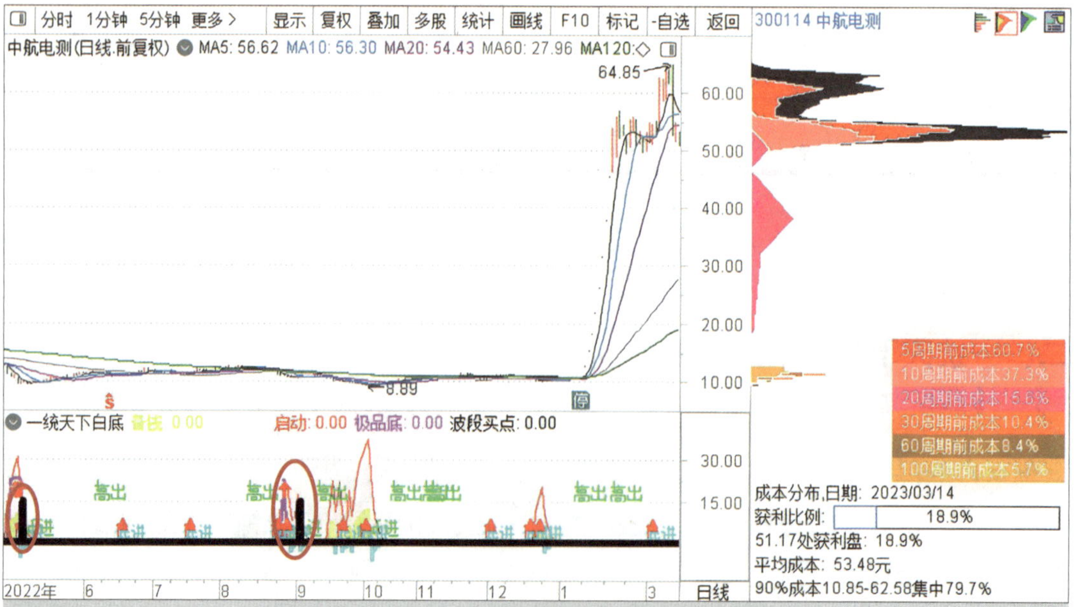

图 7-3 2023 年 2 月中航电测大牛启动前两次出现倚天剑

案例 7-2 海天瑞声（688787）

海天瑞声出现大牛行情走势，如图 7-4、图 7-5 所示。

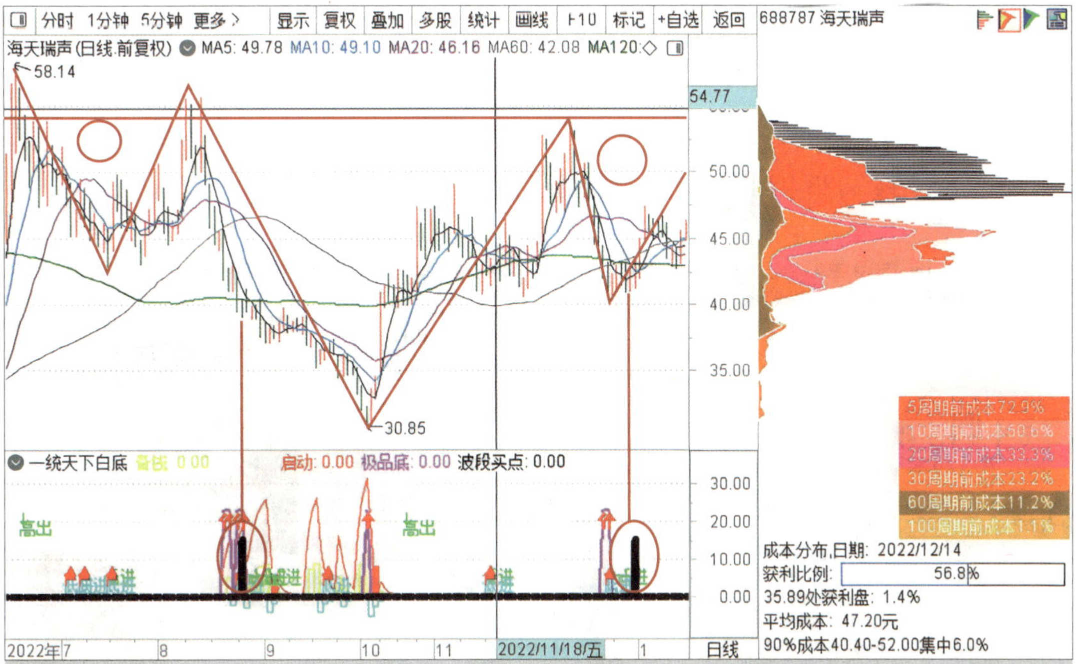

图 7-4　2022 年 6 月至 2023 年 1 月海天瑞声两次出现倚天剑且是大美女形态

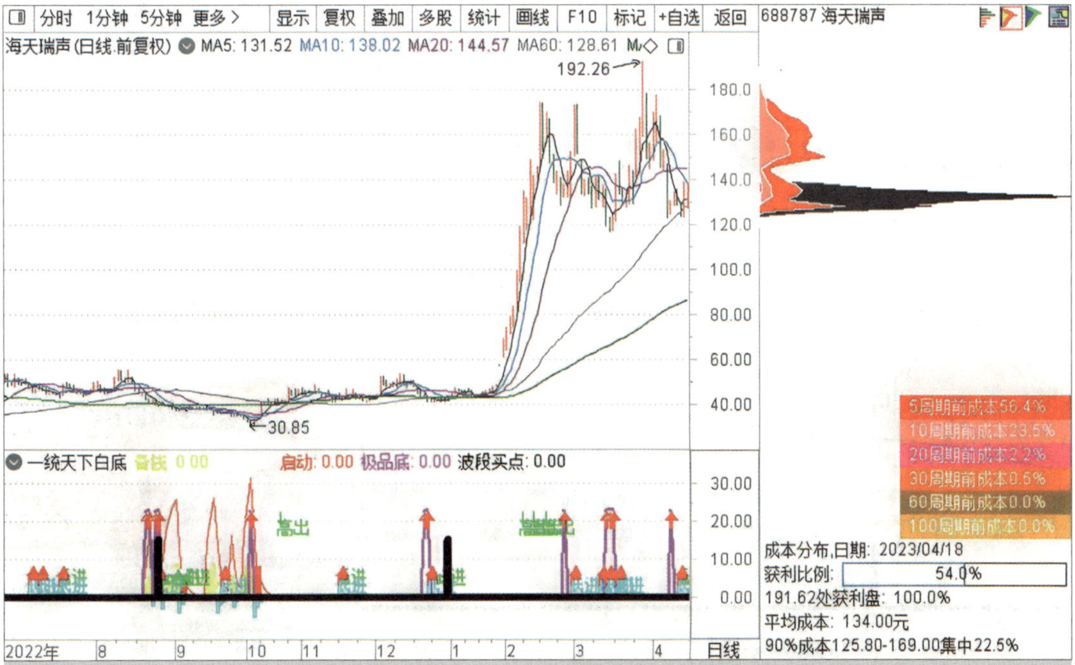

图 7-5　2023 年 3 月海天瑞声出现大牛行情

案例 7-3 康缘药业（600557）

2022 年 12 月 22 日康缘药业出现波段买点提示（倚天剑），启动信号十分强烈，只需要等一个底分型站上 5 日均线即可考虑入场（见图 7-6）。后康缘药业于 2022 年 12 月 28 日出现底分型，于 30 日站上 5 日均线（见图 7-7），此后的第二个交易日（2023 年 1 月 3 日）可买入。2023 年 1 月 3 日康缘药业的开盘价为 18.83 元，此后一路高涨，到 2023 年 4 月 6 日达到最高价 33.71 元，最高涨幅达 79%。

图 7-6 2022 年 12 月 22 日康缘药业出现倚天剑

图 7-7 2022 年 12 月 30 日康缘药业收盘站上 5 日均线

案例 7-4 三变科技（002112）

三变科技出现大牛行情走势，如图 7-8、图 7-9 所示。

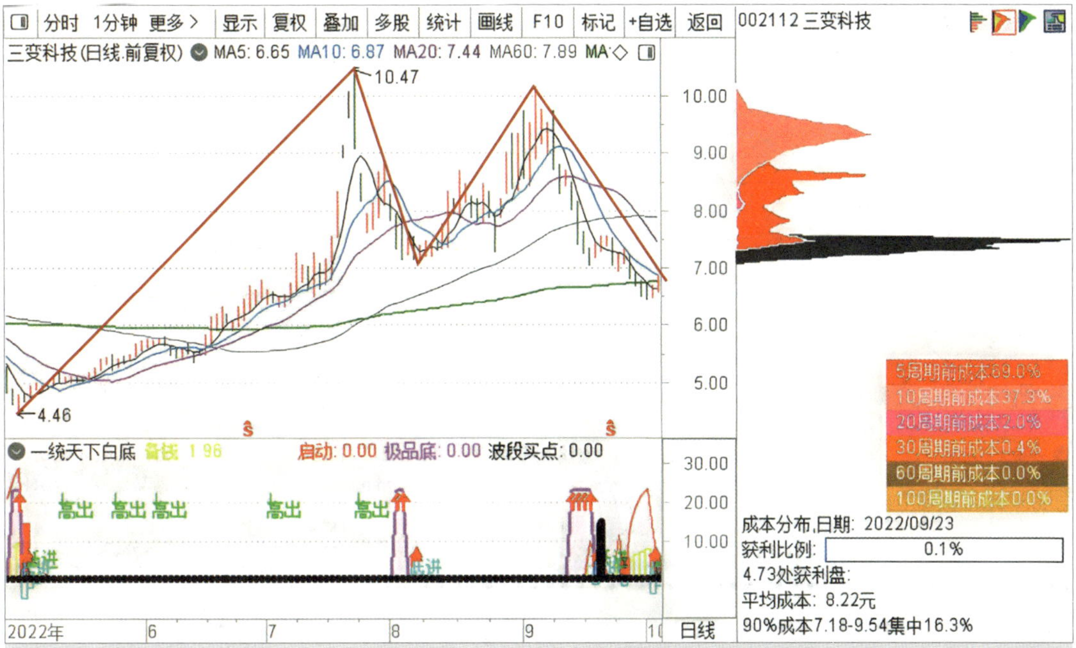

图 7-8 2022 年 4 月至 2022 年 9 月三变科技出现倚天剑和多次极品底

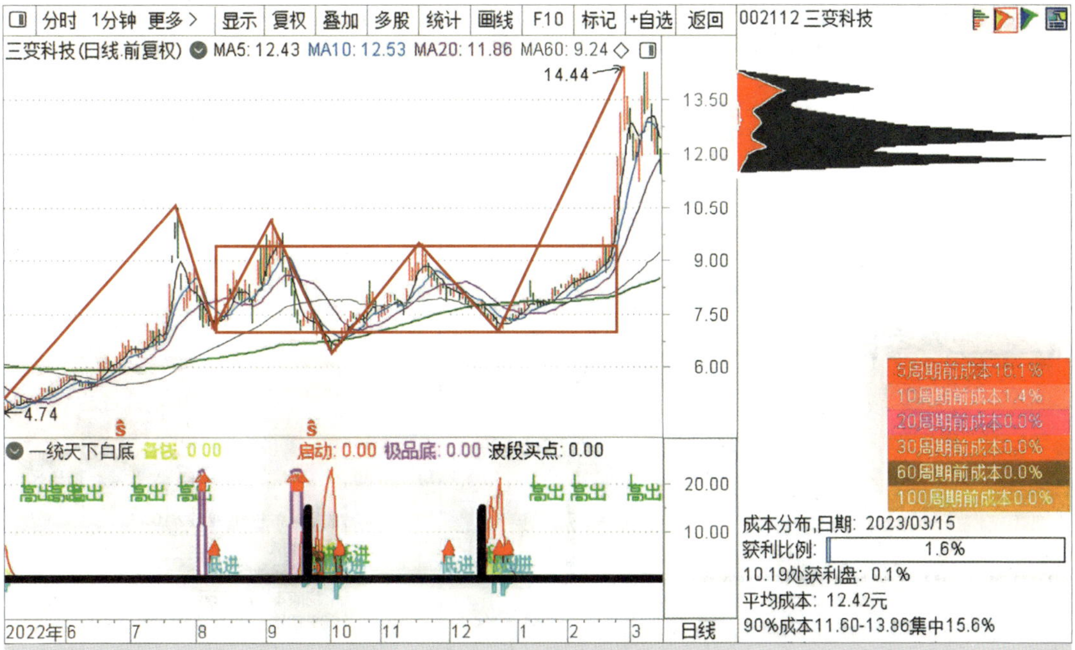

图 7-9 2022 年 9 月三变科技出现大牛行情

案例 7-5 剑桥科技（603083）

剑桥科技股票走势，如图 7-10 至图 7-13 所示。

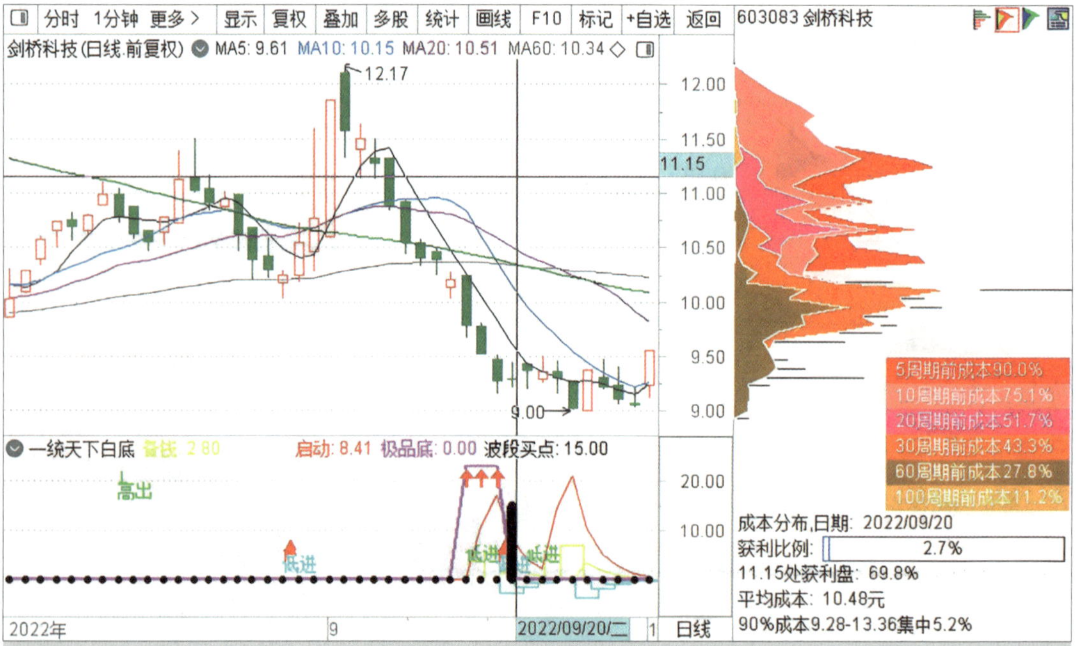

图 7-10 2022 年 9 月 20 日剑桥科技出现极品底和倚天剑

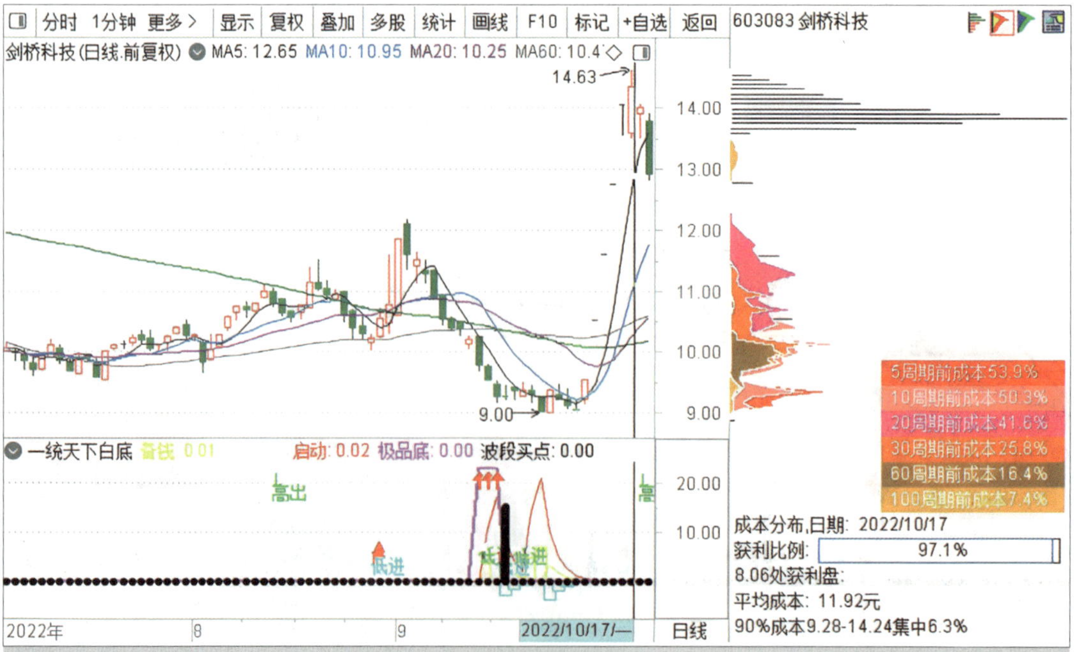

图 7-11 2022 年 10 月剑桥科技出现五连涨

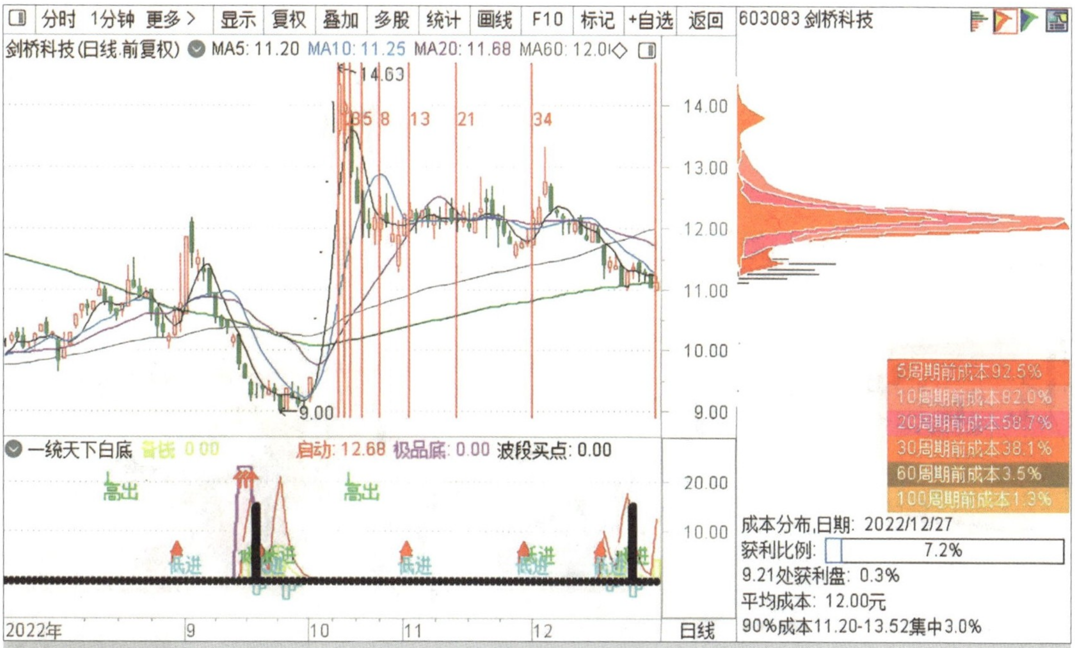

图 7-12　剑桥科技以 2022 年 10 月 17 日为基准的斐波拉契线

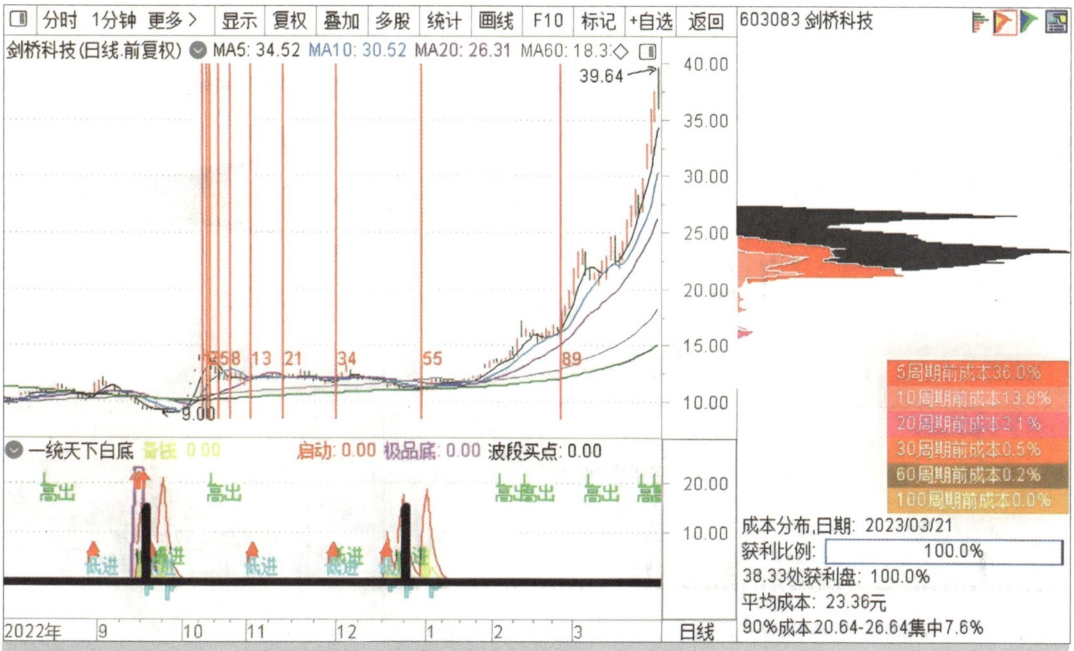

图 7-13　2022 年 10 月至 2023 年 3 月剑桥科技日 K 线走势

案例 7-6 天成自控（603085）

2023 年 12 月 19 日，天成自控出现备钱信号和倚天剑；2024 年 2 月 7 日天成自控出现底分型，2024 年 2 月 8 日 K 线穿过 5 日均线，2024 年 2 月 9 日 K 线站上 5 日均线，此时可买入，到 2024 年 3 月 22 日顶分型出现卖出，可实现约 50% 的盈利，如图 7-14、图 7-15 所示。

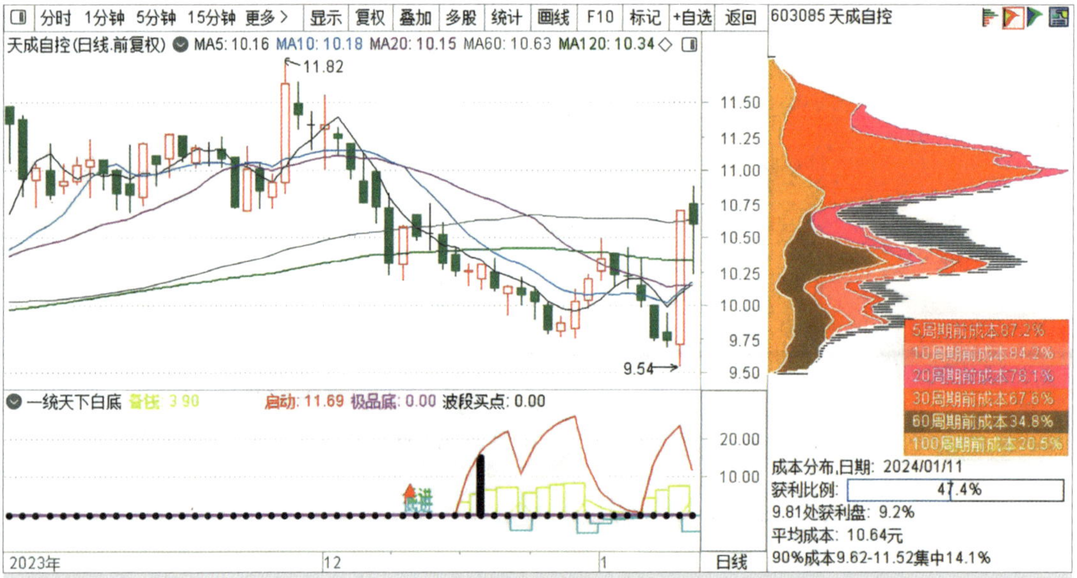

图 7-14 2023 年 12 月 19 日天成自控出现备钱信号和倚天剑

图 7-15 2024 年 2 月天成自控股价一路高涨

案例 7-7 宁波精达（603088）

2024 年 1 月 19 日宁波精达出现倚天剑，随后出现备钱信号和极品底；2024 年 2 月 6 日宁波精达出现底分型，2 月 8 日 K 线穿过 5 日均线，2 月 9 日 K 线站上 5 日均线，此时可买入，到 4 月 2 日顶分型出现卖出，可实现约 30% 的盈利，见图 7-16、图 7-17。

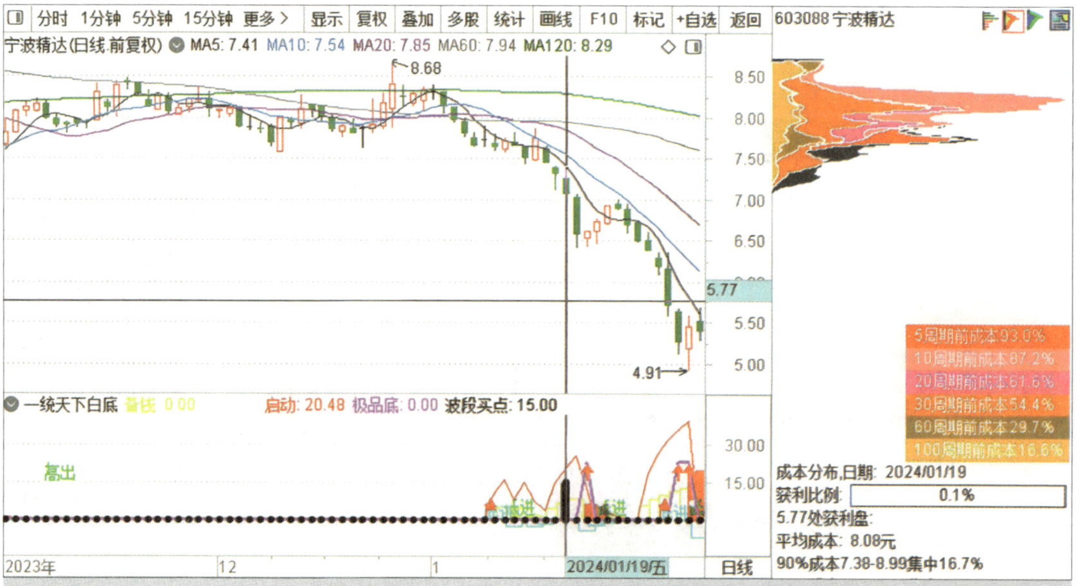

图 7-16　2024 年 1 月 19 日宁波精达出现倚天剑和备钱信号、极品底

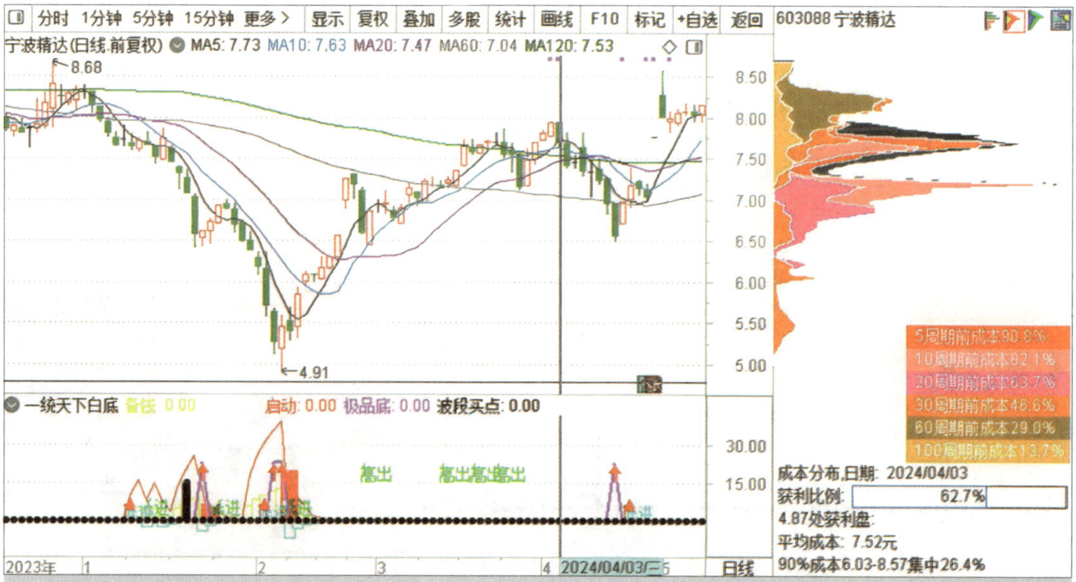

图 7-17　2024 年 3 月宁波精达股价一路高涨

案例 7-8 北汽蓝谷（600733）

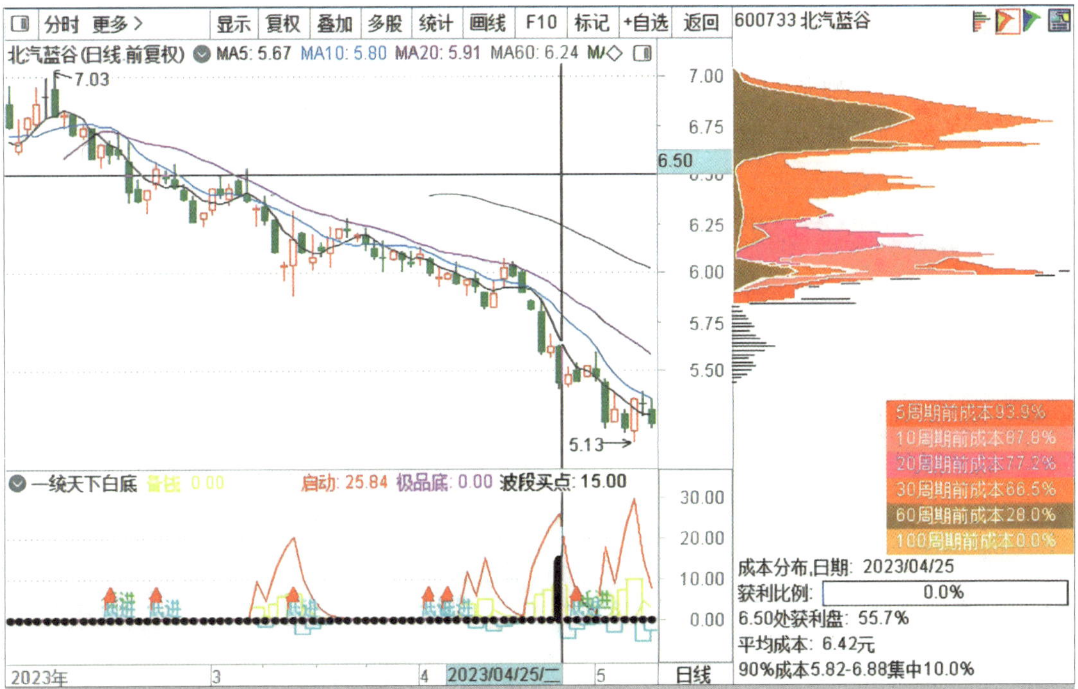

图 7-18 2023 年 4 月 25 日北汽蓝谷出现倚天剑

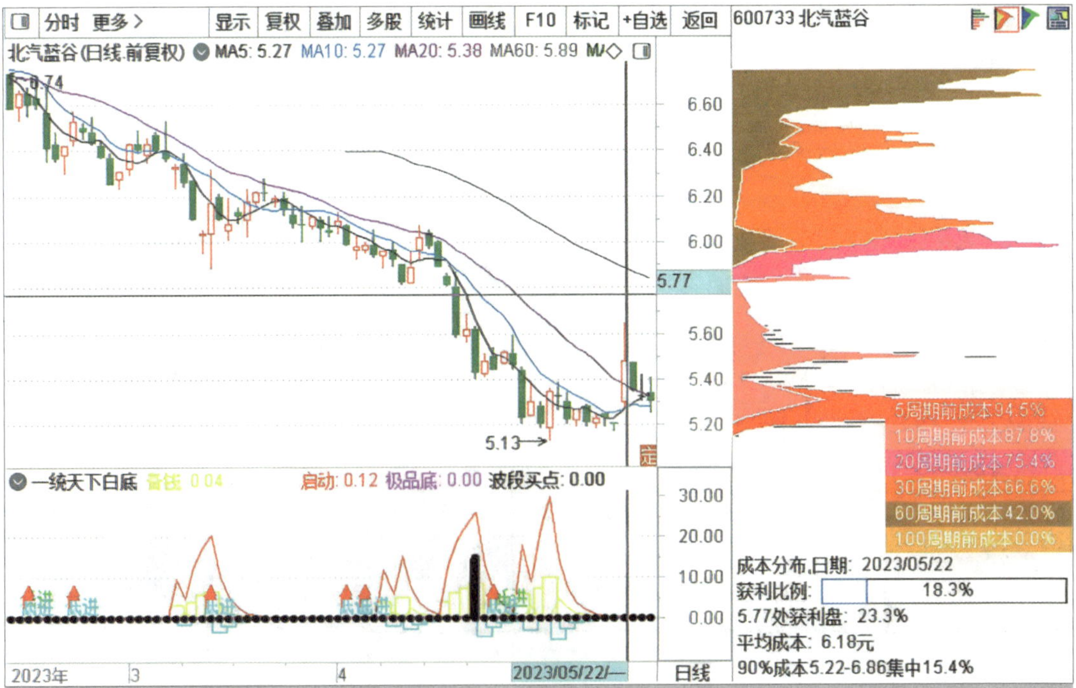

图 7-19 2023 年 5 月 22 日北汽蓝谷出现底分型且日 K 线站上 5 日均线

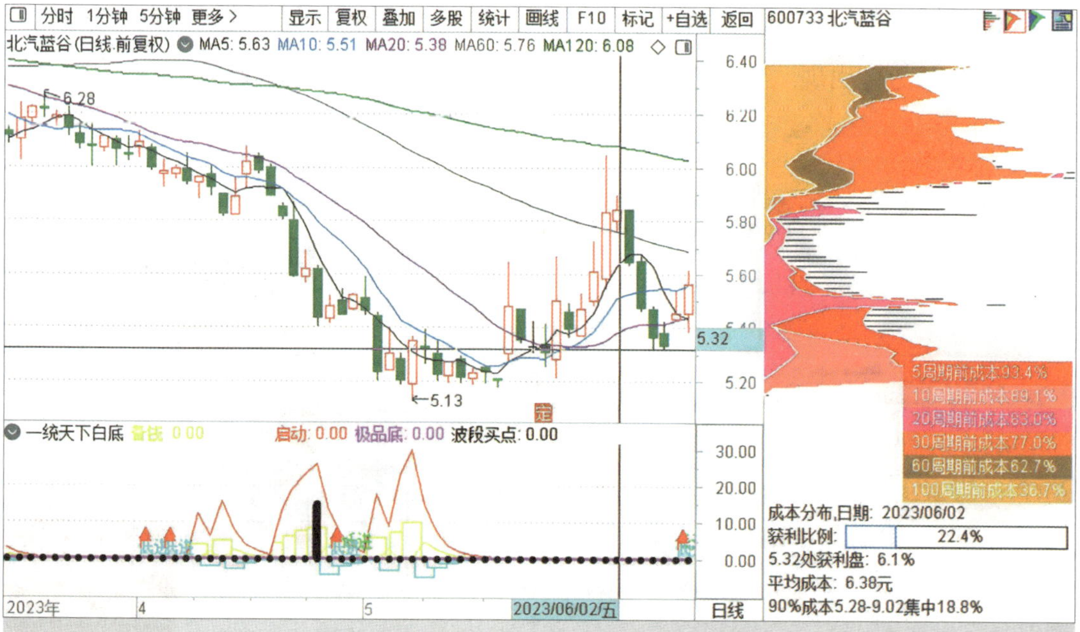

图 7-20　2023 年 6 月 2 日北汽蓝谷出现顶分型

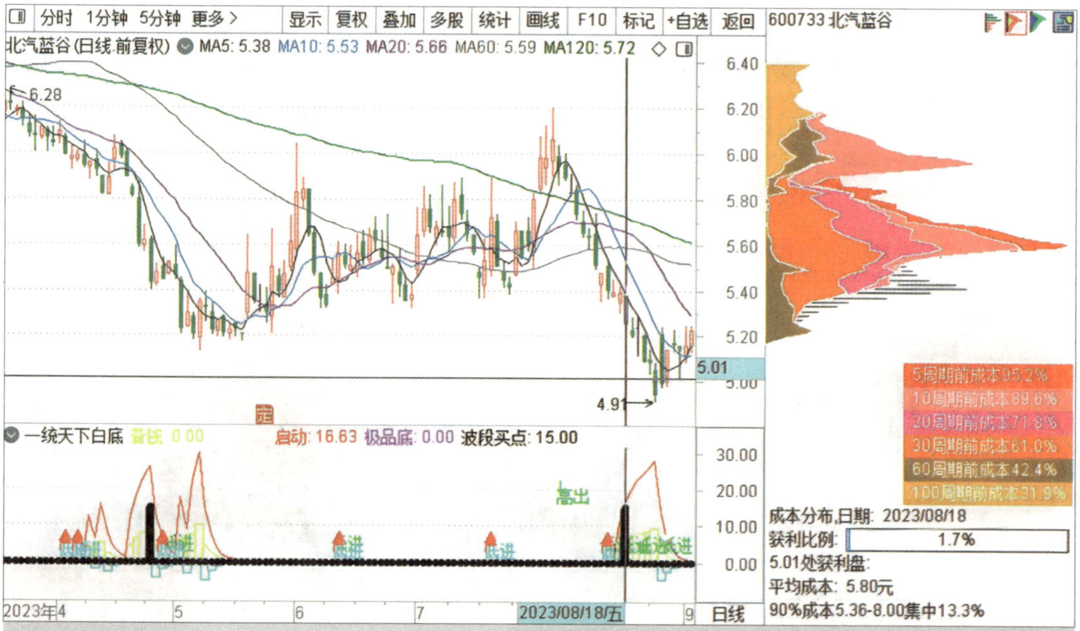

图 7-21　2023 年 8 月 18 日北汽蓝谷再现倚天剑

2023 年 4 月 25 日北汽蓝谷出现倚天剑，5 月 22 日北汽蓝谷收盘价 5.48 元，6 月 2 日收盘价为 5.84 元，后经一轮小跌小涨后于 8 月 18 日再次出现倚天剑，8 月 28 日再次出现倚天剑，8 月 30 日 K 线站稳 5 日均线，如图 7-18 至图 7-21 所示。

2023 年 8 月 30 日的收盘价为 5.16 元，此后，北汽蓝谷横盘一段时间后一路高涨，11 月 13 日顶分型出现，当日的收盘价为 7.48 元，较 8 月 30 日的收盘价上涨 45%（见图 7-22）。

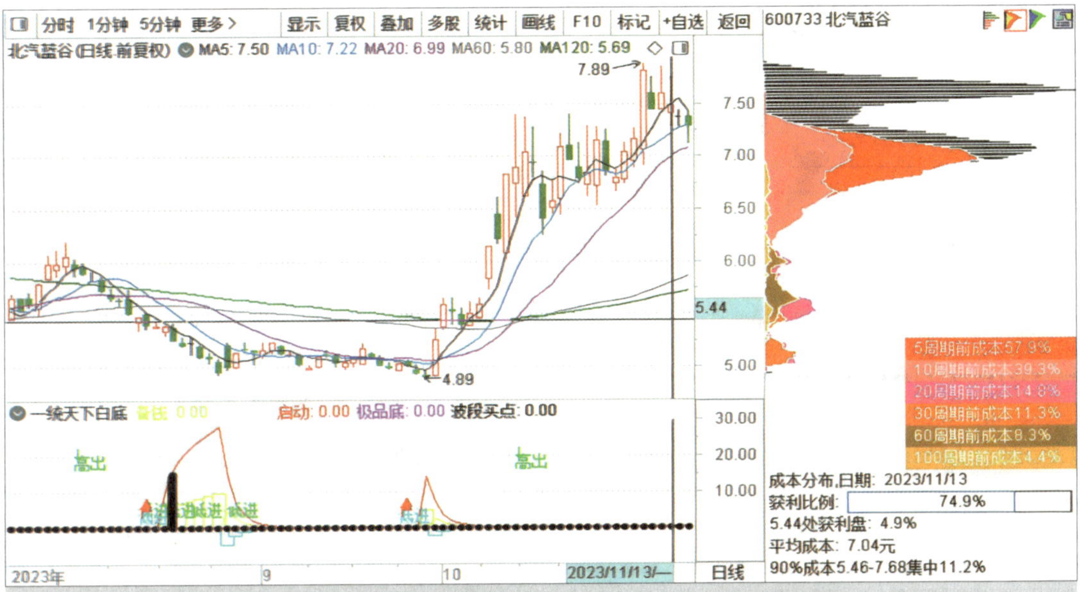

图 7-22　2023 年 11 月 13 日北汽蓝谷出现顶分型且破 5 日均线

案例 7-9　太阳纸业（002078）

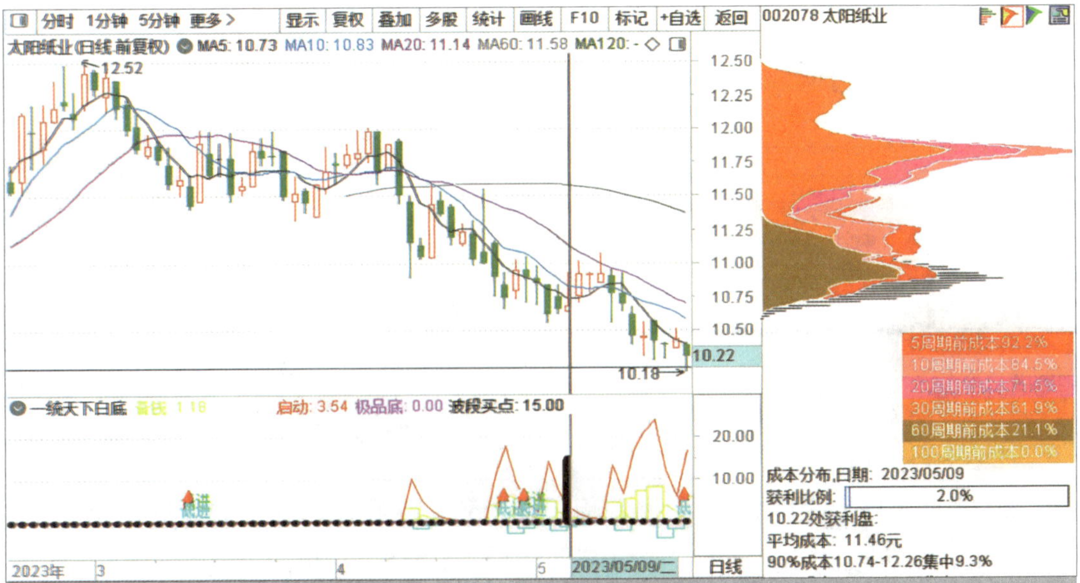

图 7-23　2023 年 5 月 9 日太阳纸业出现倚天剑

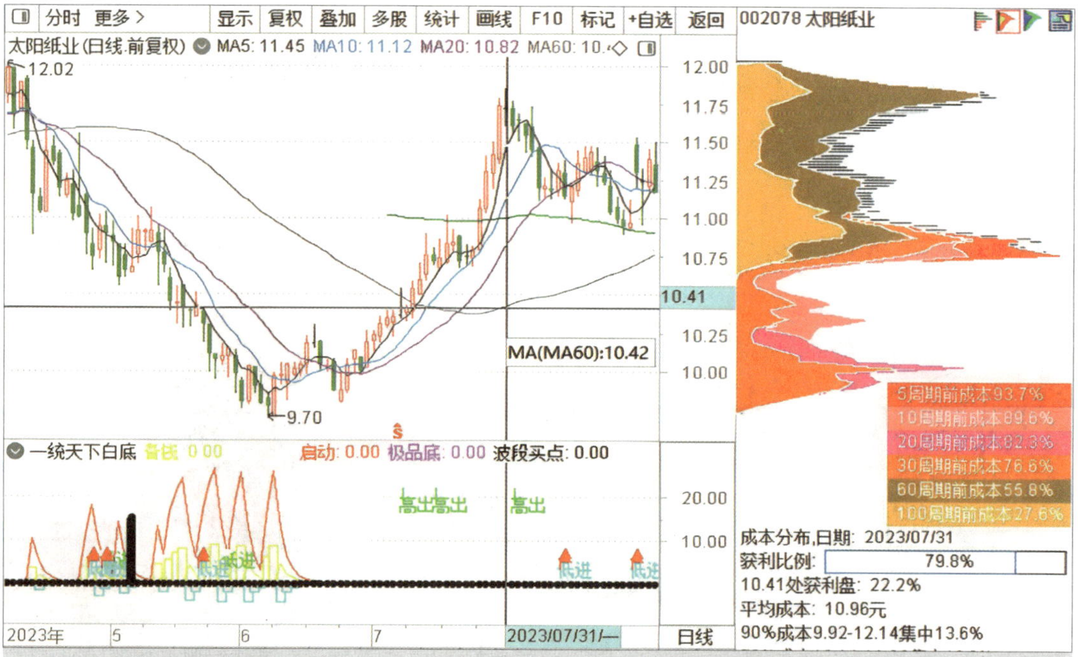

图 7-24　2023 年 7 月 31 日太阳纸业出现顶分型

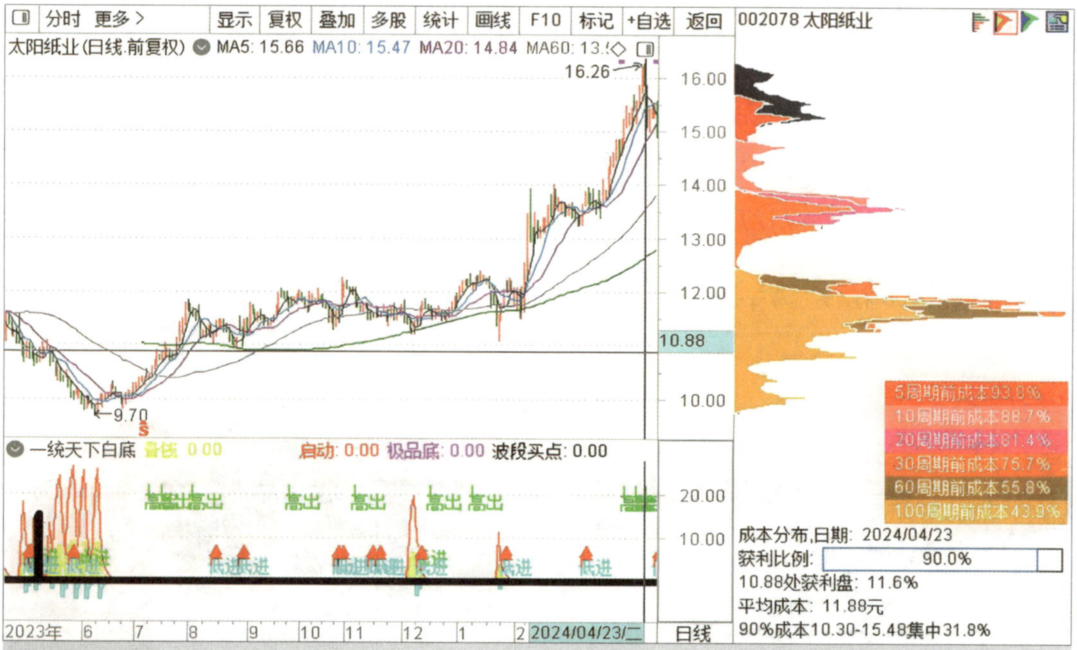

图 7-25　2024 年 4 月 23 日太阳纸业出现顶分型

太阳纸业于 2023 年 5 月 9 日和 7 月 31 日分别出现倚天剑和顶分型（见图 7-23 至图 7-25）。

案例 7-10 华域汽车（600741）

2023 年 3 月 17 日华域汽车出现倚天剑，3 月 22 日虽然出现了底分型，但是日 K 线未站上 5 日均线，直到 3 月 29 日再次出现底分型且 3 月 31 日日 K 线完全站上 5 日均线（见图 7-26）。

图 7-26 2023 年 3 月 17 日华域汽车出现倚天剑

2023 年 3 月 31 日之后，华域汽车经过了一小段横盘后，一路上涨，直到 2023 年 8 月 1 日出现顶分型，3 月 31 日的收盘价为 16.74 元，8 月 1 日的收盘价为 19.27 元，上涨 15% 左右（见图 7-27）。

图 7-27 2023 年 8 月 1 日华域汽车出现顶分型

案例 7-11 上海贝岭（600171）

上海贝岭于 2024 年 4 月 15 日和 6 月 14 日分别出现倚天剑和顶分型（见图 7-28、图 7-29）。

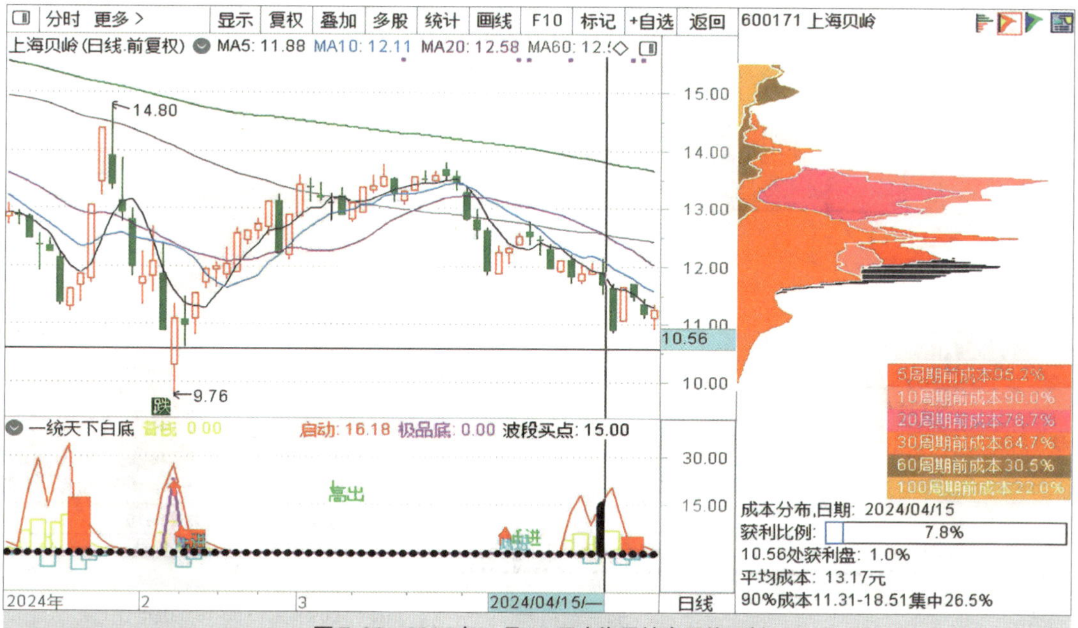

图 7-28　2024 年 4 月 15 日上海贝岭出现倚天剑

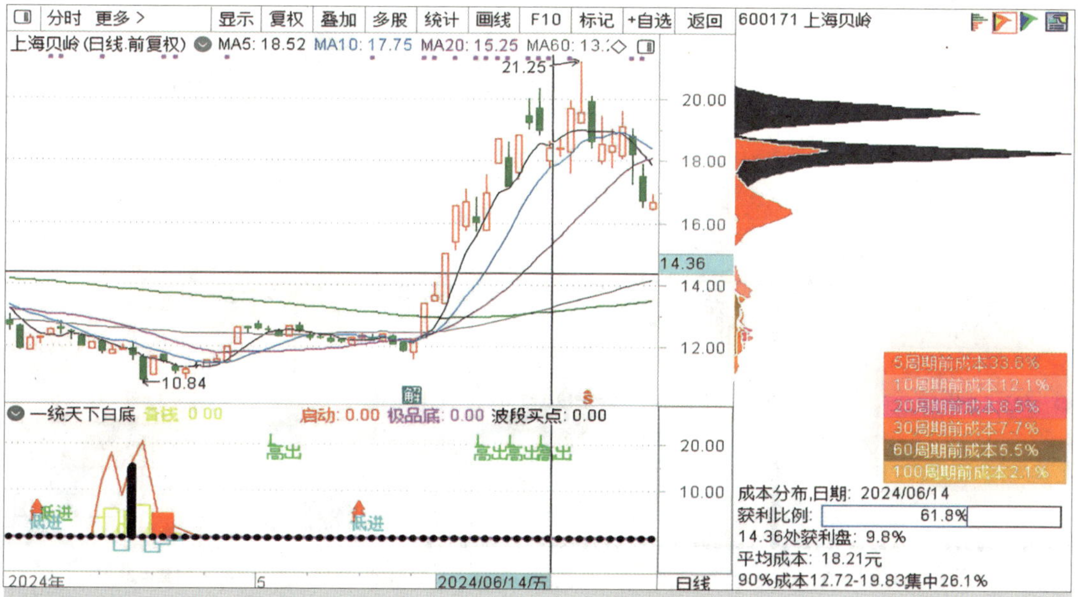

图 7-29　2024 年 6 月 14 日上海贝岭出现顶分型且破 5 日均线

案例 7-12 生益科技（600183）

生益科技于 2024 年 4 月 10 日和 5 月 22 日分别出现倚天剑和顶分型（见图 7-30、图 7-31）。

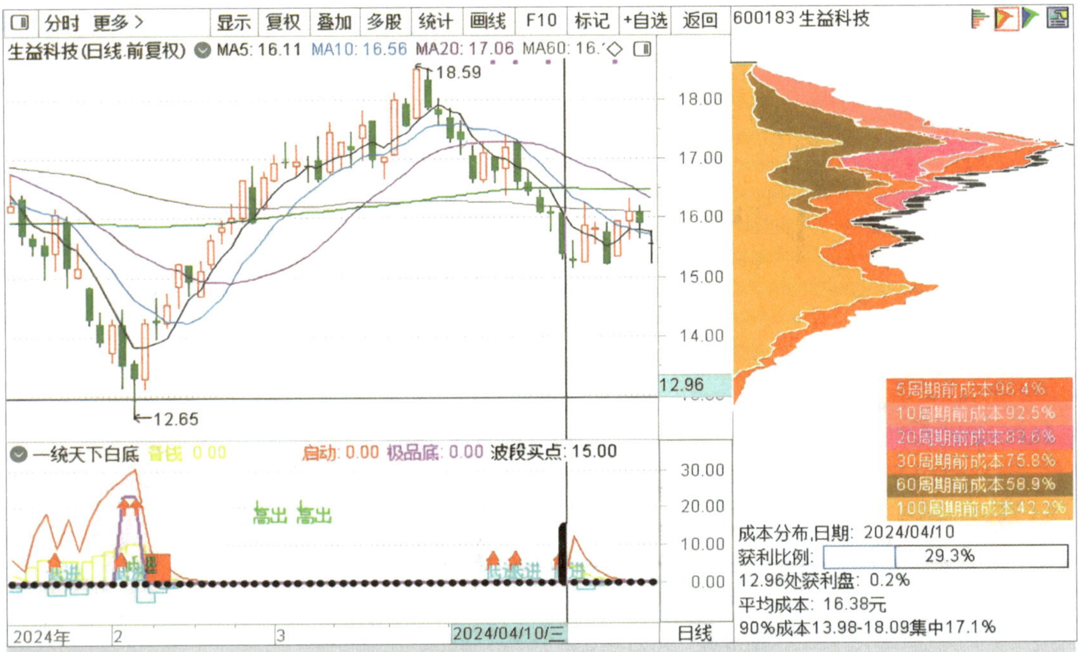

图 7-30　2024 年 4 月 10 日生益科技出现倚天剑

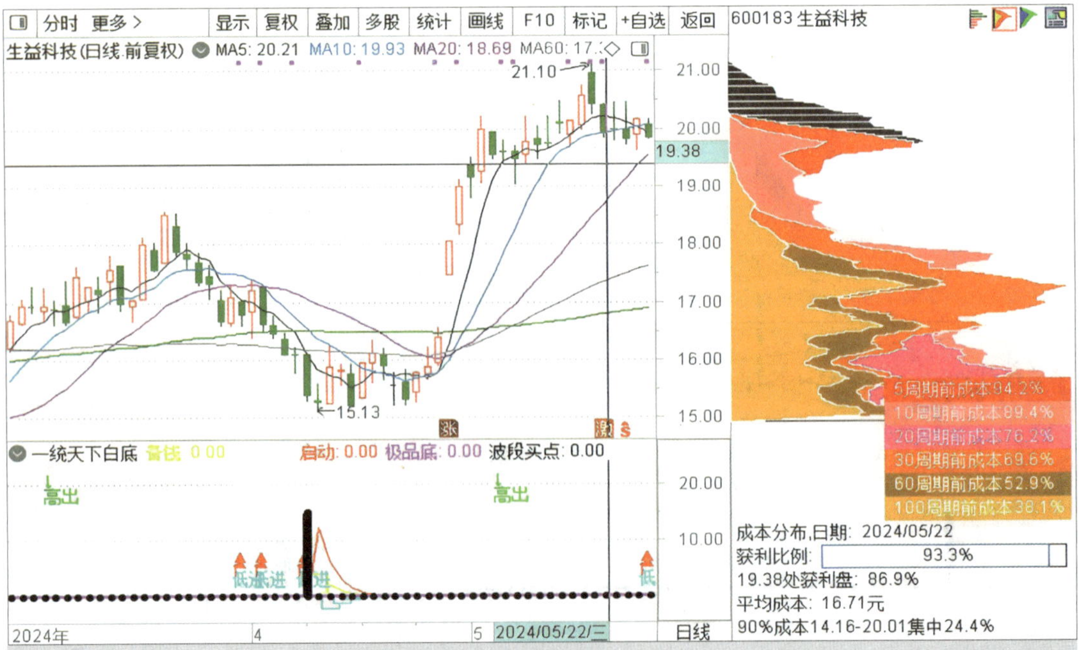

图 7-31　2024 年 5 月 22 日生益科技出现顶分型且破 5 日均线

案例 7-13 西藏天路（600326）

西藏天路于 2024 年 2 月 7 日和 2 月 29 日分别出现倚天剑和顶分型（见图 7-32、图 7-33）。

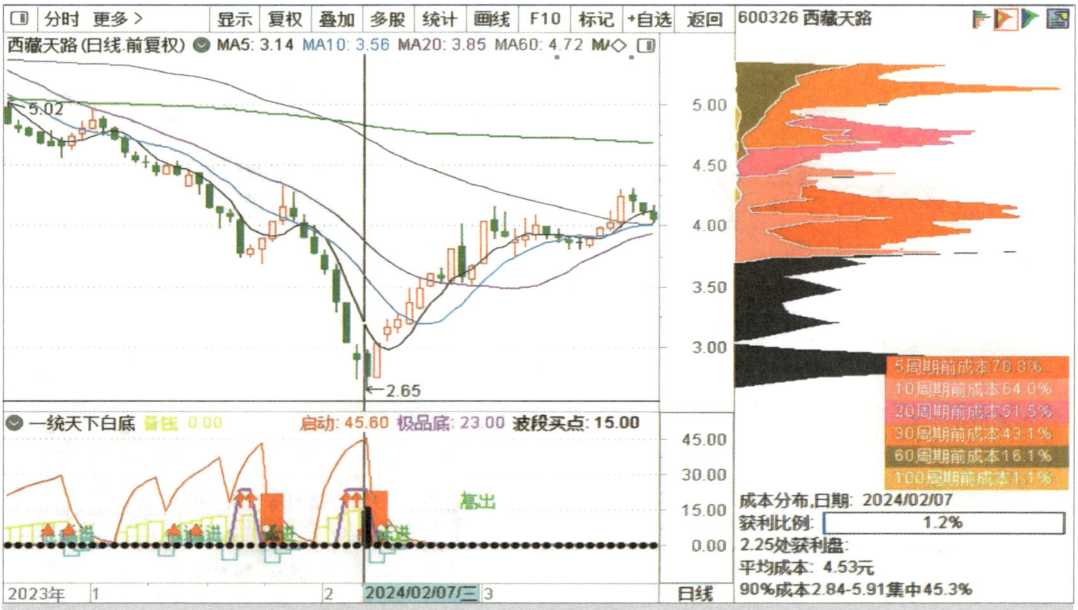

图 7-32 2024 年 2 月 7 日西藏天路出现倚天剑

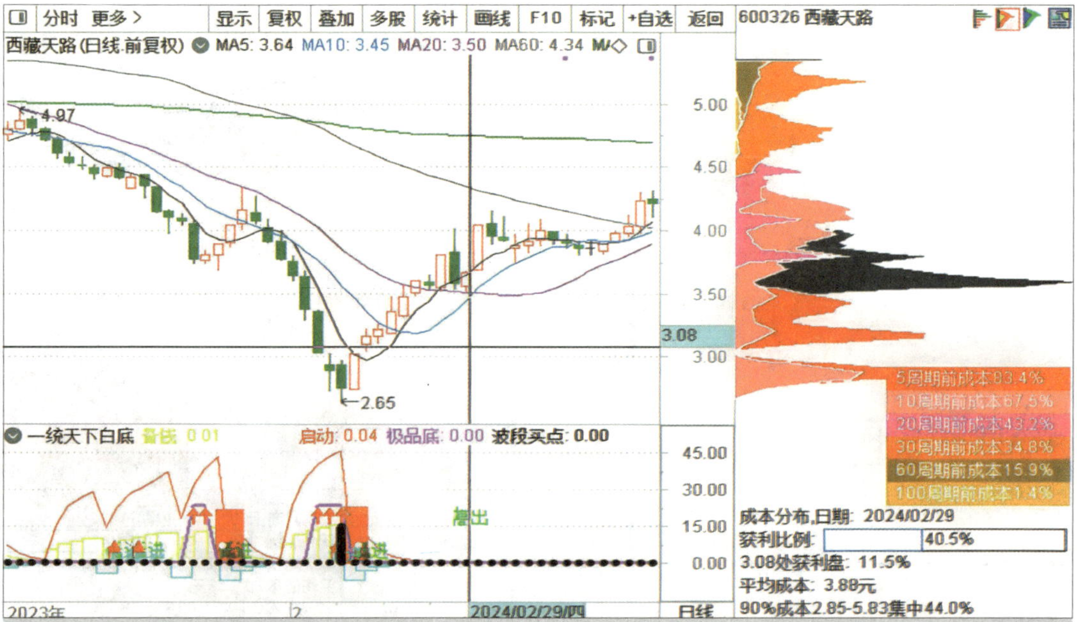

图 7-33 2024 年 2 月 29 日西藏天路出现顶分型且破 5 日均线

案例 7-14 华光环能（600475）

华光环能于 2024 年 2 月 5 日和 3 月 4 日分别出现倚天剑和顶分型（见图 7-34、图 7-35）。

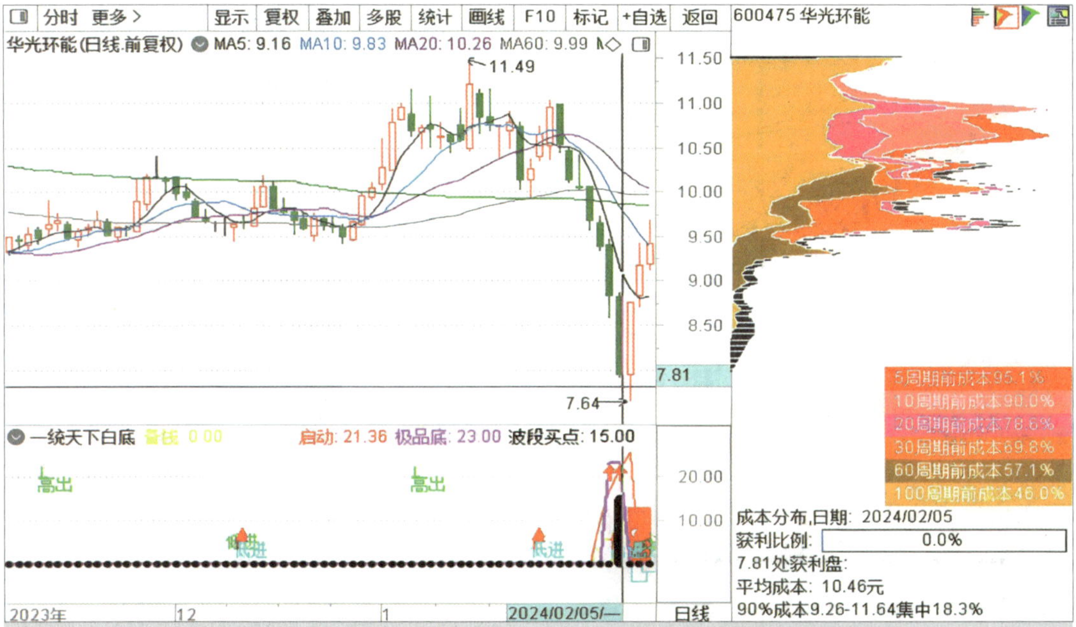

图 7-34　2024 年 2 月 5 日华光环能出现倚天剑

图 7-35　2024 年 3 月 4 日华光环能出现顶分型且破 5 日均线

案例 7-15 华海药业（600521）

华海药业于 2024 年 3 月 29 日和 5 月 10 日分别出现倚天剑和顶分型（见图 7-36、图 7-37）。

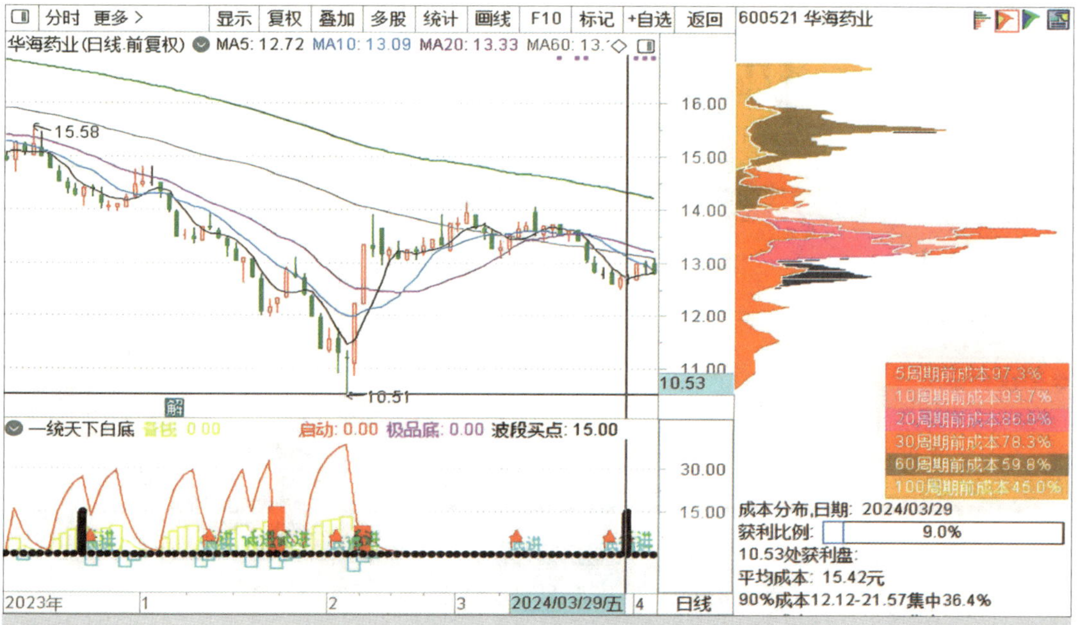

图 7-36 2024 年 3 月 29 日华海药业出现倚天剑

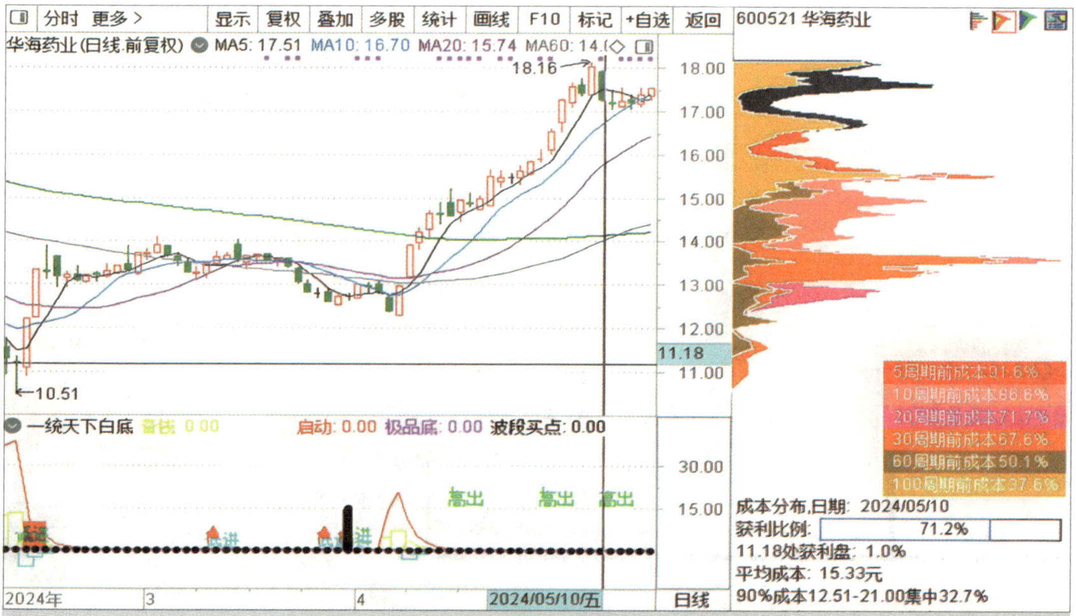

图 7-37 2024 年 5 月 10 日华海药业出现顶分型

案例 7-16 首药控股 -U（688197）

首药控股 -U 出现大牛行情走势，如图 7-38、图 7-39 所示。

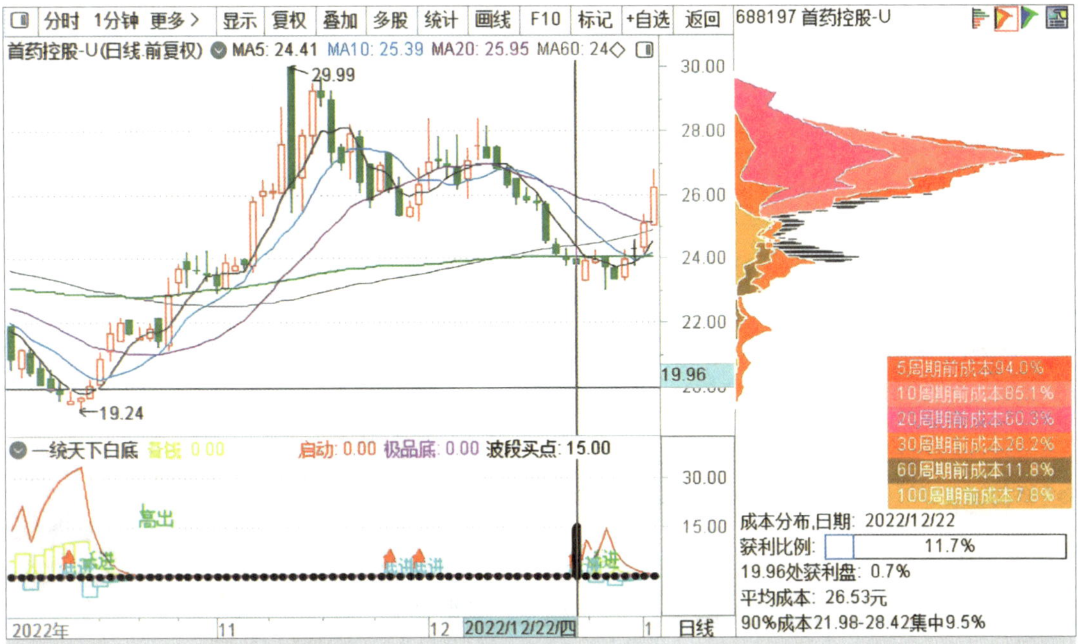

图 7-38　2022 年 12 月 22 日首药控股 -U 出现倚天剑

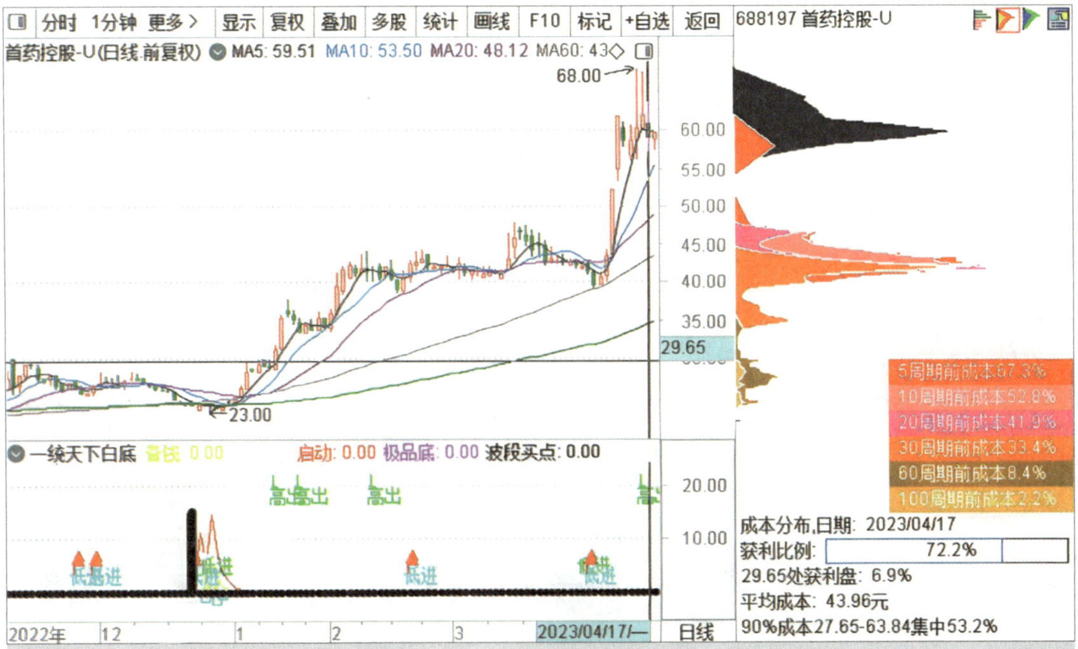

图 7-39　2023 年 1 月至 2023 年 4 月首药控股 -U 出现大牛行情

三、波浪理论

长时间的实践发现，股市中股价经常呈波浪形走势，且第三浪的上涨幅度最大，但上涨两个中枢后，新高发生趋势背驰概率极大，因此应落袋为安，长线离场（见图 7-40）。

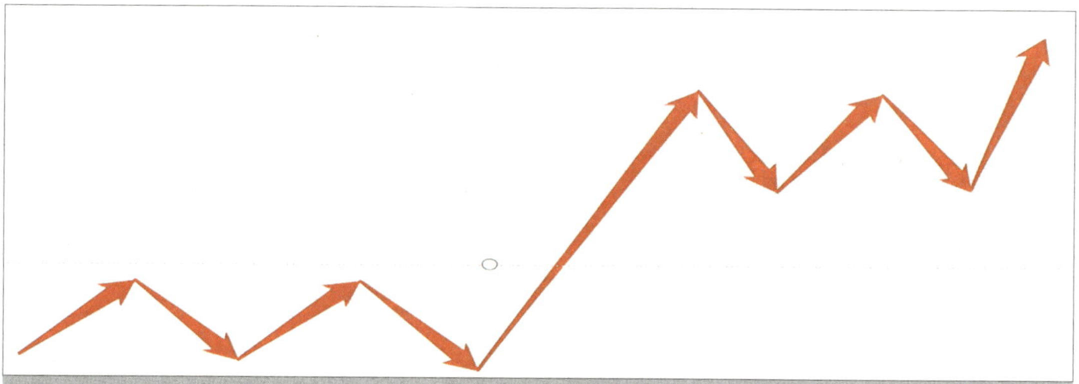

图 7-40　波浪走势

第二节 一统天下中线运用

一统天下中线主要运用于一统天下极品底指标。当出现极品底（玫红色线条指标）时，等待底分型出现且日 K 线站上 5 日均线后买入，在出现顶分型并跌破 5 日均线后卖出。一统天下极品底指标特别适用于大箱体震荡的股票。

案例 7-17 冀中能源（000937）

2021 年 11 月初冀中能源虽然出现了几次极品底，但由于每次出现底分型后日 K 线都未能站上 5 日均线，这几次都不适合入场（见图 7-41）。

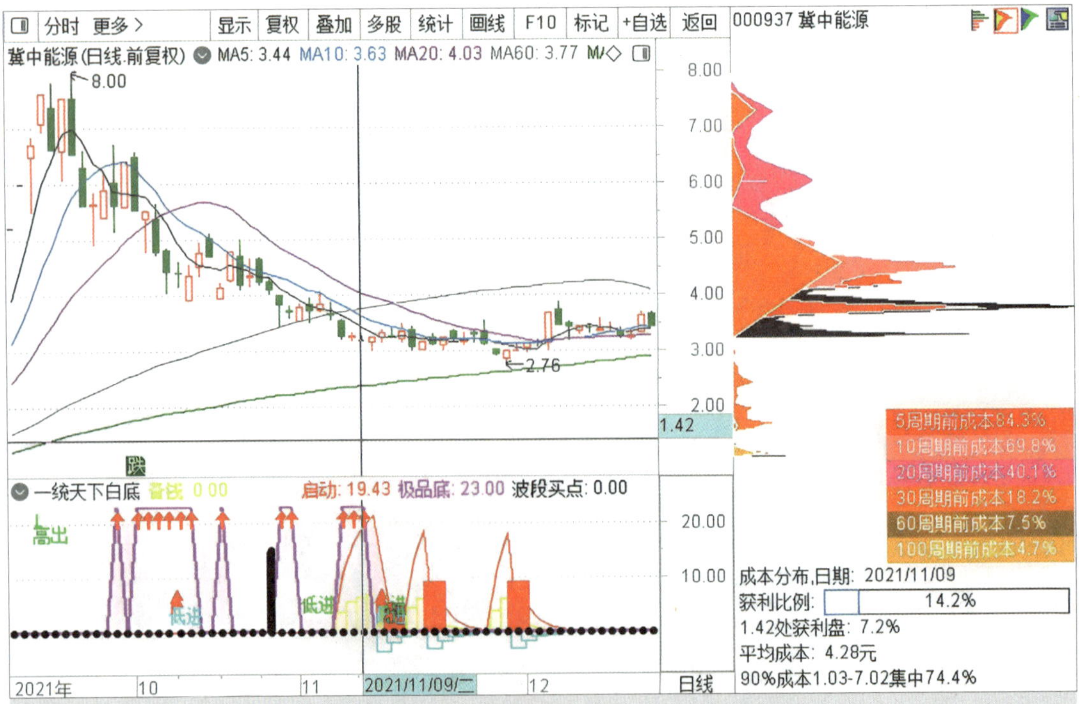

图 7-41 2021 年 11 月初冀中能源出现几次极品底

2022 年 1 月 28 日冀中能源再次出现了极品底，2 月 7 日（此后第一个交易日）出现了底分型，且日 K 线穿越 5 日均线，于 2 月 8 日站上 5 日均线，此时可入场，（见图 7-42）。

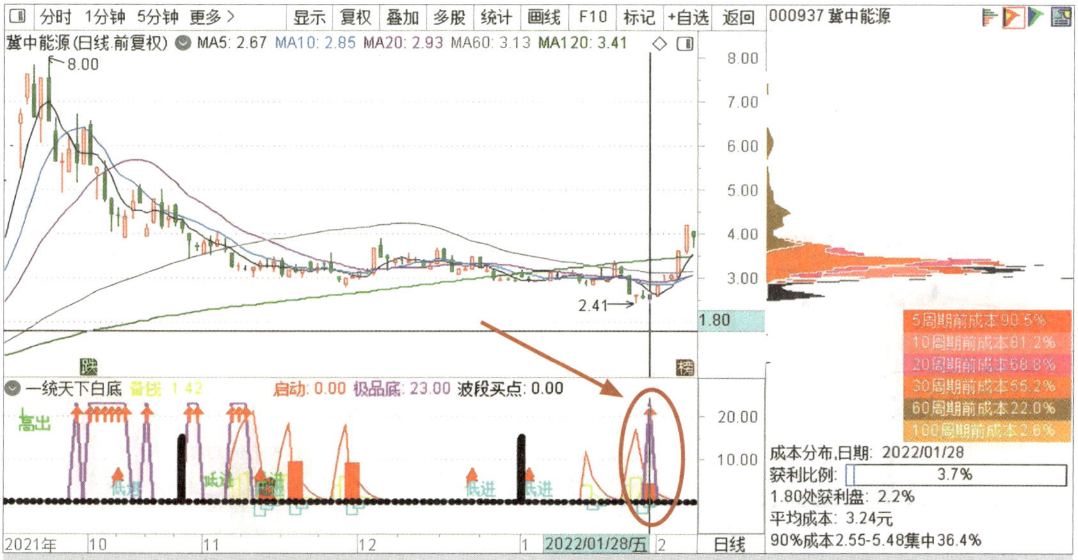

图 7-42　2022 年 1 月 28 日冀中能源再现极品底

2022 年 2 月 8 日至 2022 年 3 月 7 日冀中能源一路上涨，从 3.50 元上涨至 5.84 元，涨幅约 67%。2022 年 3 月 8 日，冀中能源出现顶分型，卖出出场（见图 7-43）。

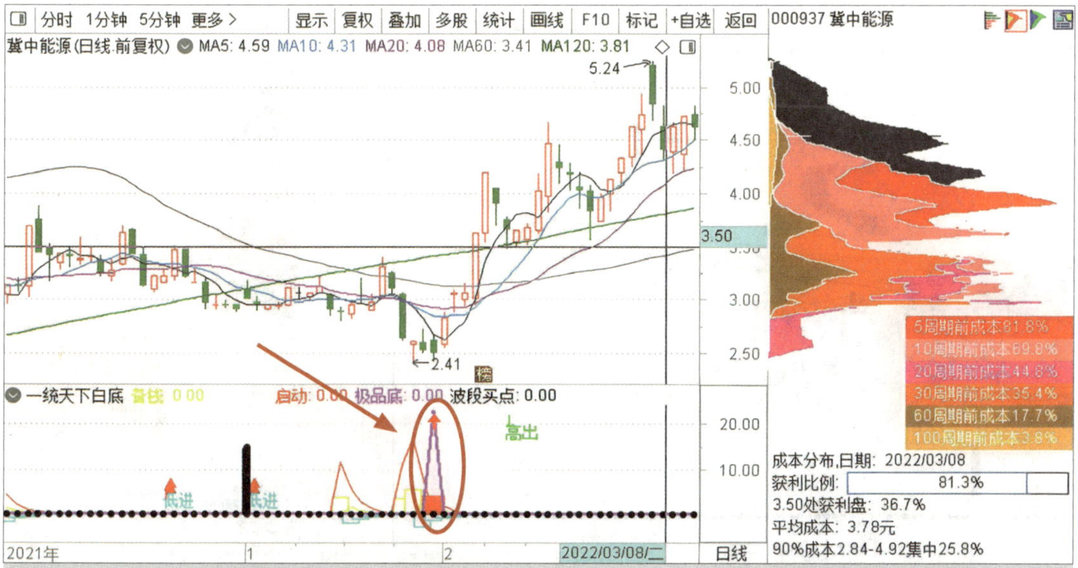

图 7-43　2022 年 2 月 8 日至 2022 年 3 月 7 日冀中能源一路上涨

2022 年 3 月 8 日冀中能源出现顶分型后一路阴跌，2022 年 3 月 16 日再次出现极品底，且于 3 月 17 日出现底分型，日 K 线于 3 月 18 日穿越 5 日均线，并于 3 月 21 日站上 5 日均线（见图 7-44）。

图 7-44　2022 年 3 月 16 日冀中能源再次出现极品底

2022 年 3 月 17 日至 2022 年 4 月 15 日冀中能源一路上涨，从收盘价的 3.50 元一路上涨至收盘价 4.88 元，涨幅达 40% 左右（见图 7-45）。2022 年 4 月 26 日冀中能源再次出现底分型，这一轮上涨幅度将超过前面两轮。

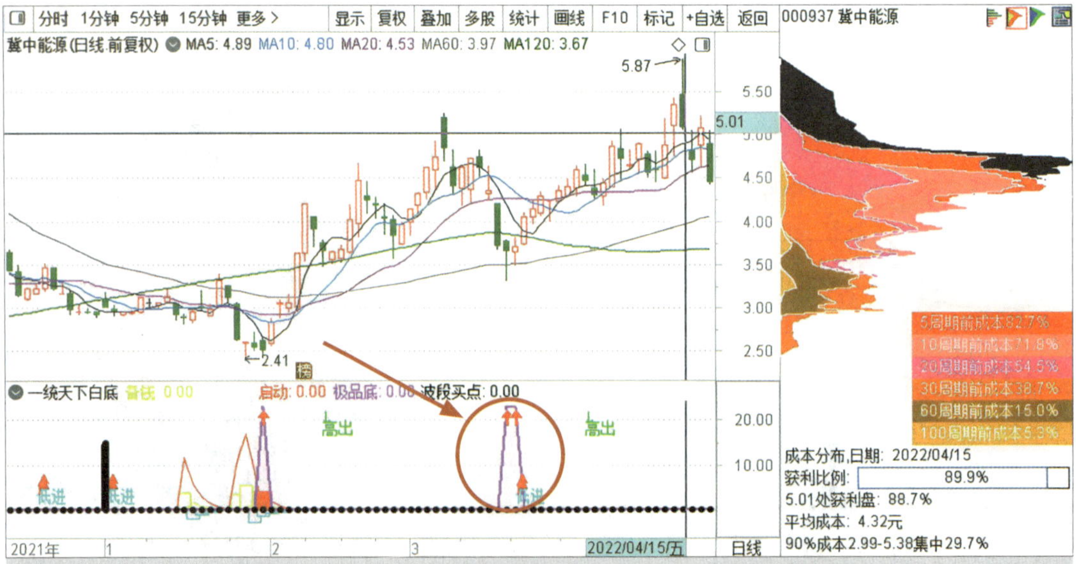

图 7-45　2022 年 3 月 17 日至 2022 年 4 月 15 日冀中能源一路上涨

案例 7-18 紫光股份（000938）

2024 年 2 月 5 日紫光股份出现极品底（见图 7-46），2 月 6 日出现底分型，且日 K 线穿过 5 日均线，于 2 月 7 日站上 5 日均线。虽然 2023 年 10 月底紫光股份也出现过极品底，但后面每次出现底分型日 K 线都未能站上 5 日均线，或者要经过很多天才能站上 5 日均线，则这个极品底形态失败，不适合入场。

图 7-46　2024 年 2 月 5 日紫光股份出现极品底

2024 年 2 月 7 日至 2024 年 3 月 4 日紫光股份一路上涨，从 2 月 7 日收盘价的 16.10 元一路上涨至 3 月 4 日收盘价的 25.50 元，涨幅 58% 左右（见图 7-47）。

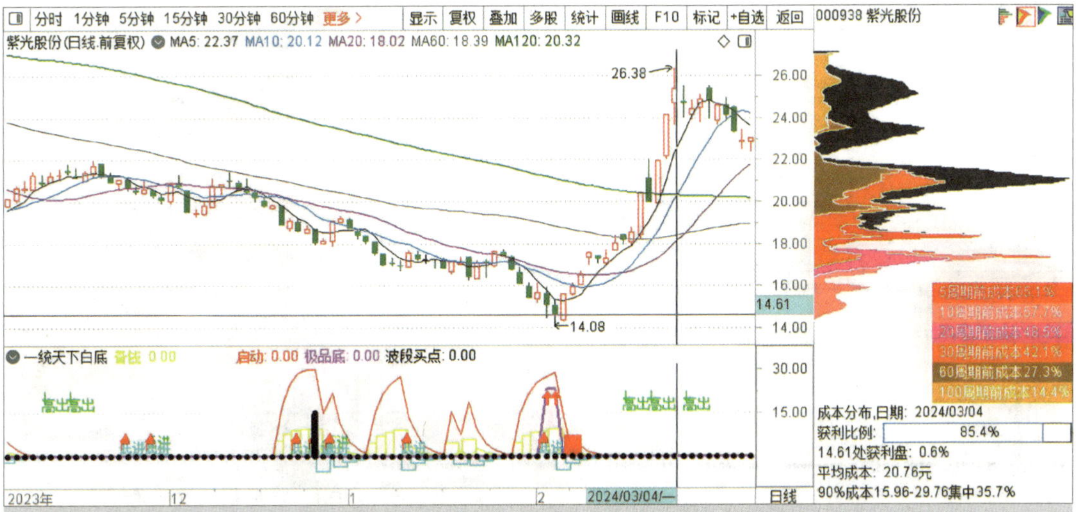

图 7-47　2024 年 2 月 7 日至 2024 年 3 月 4 日紫光股份一路上涨

案例 7-19 江中药业（600750）

2022 年 12 月 22 日江中药业出现极品底，12 月 30 日出现底分型且日 K 线穿过 5 日均线，并于 2023 年 1 月 3 日（2022 年 12 月 30 日后的第一个交易日）站上 5 日均线，此时收盘价为 13.58 元，此后一路高涨，至 2023 年 5 月 9 日出现顶分型后跌破 5 日均线，此时收盘价为 23.76 元，涨幅 75% 左右（见图 7-48、图 7-49）。

图 7-48　2022 年 12 月 22 日江中药业出现极品底

图 7-49　2023 年 1 月 3 日至 2023 年 5 月 9 日江中药业一路高涨

案例 7-20 天奇股份（002009）

2023 年 4 月 26 日天奇股份出现极品底，4 月 27 日出现底分型，4 月 28 日日 K 线穿过 5 日均线，于 5 月 4 日（4 月 28 日后的第一个交易日）站上 5 日均线，此时收盘价为 12.25 元，此后一路高涨，至 2023 年 6 月 27 日出现顶分型后跌破 5 日均线，此时收盘价为 14.85 元，涨幅约为 21%（见图 7-50、图 7-51）。

图 7-50 2023 年 4 月 26 日天奇股份出现极品底

图 7-51 2023 年 6 月 27 日天奇股份出现顶分型且破 5 日均线

案例 7-21 盾安环境（002011）

2023 年 10 月 25 日盾安环境出现极品底，10 月 27 日出现底分型且日 K 线站上 5 日均线，此时收盘价为 11.03 元，此后一路高涨，至 2023 年 12 月 12 日出现顶分型，此时收盘价为 13.23 元，涨幅约为 20%，12 月 14 日收盘价跌破 5 日均线（见图 7-52、图 7-53）。

图 7-52　2023 年 10 月 25 日盾安环境出现极品底

图 7-53　2023 年 12 月 12 日盾安环境出现顶分型

案例 7-22 思源电气（002028）

2022 年 10 月 28 日思源电气出现极品底，11 月 1 口出现底分型，11 月 2 日日 K 线站上 5 日均线，此时收盘价为 35.43 元，此后一路有调整地高涨，至 2023 年 2 月 7 日出现顶分型，此时收盘价为 43.27 元，涨幅约为 22%（见图 7-54、图 7-55）。

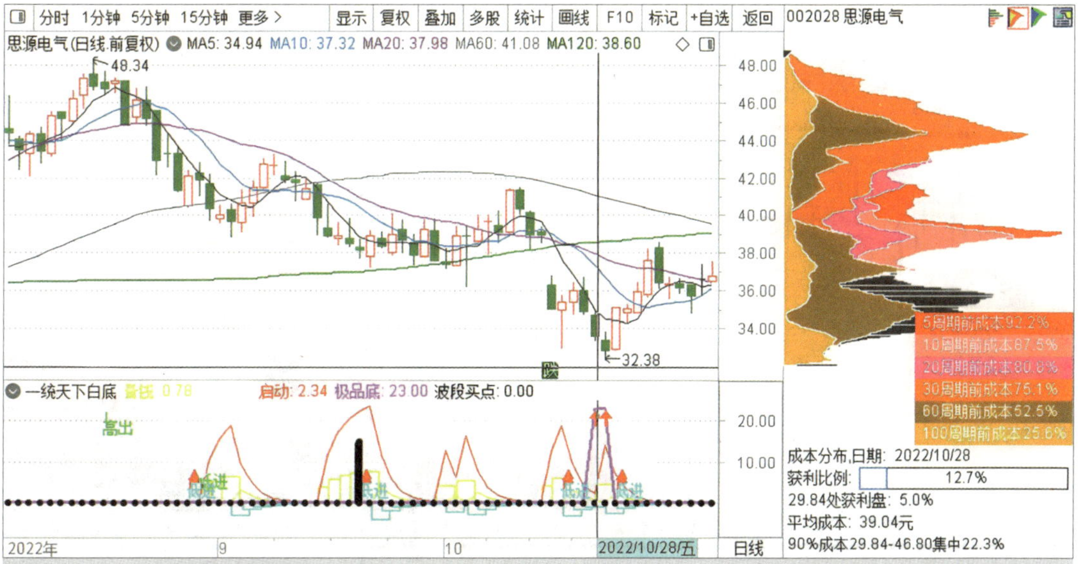

图 7-54 2022 年 10 月 28 日思源电气出现极品底

图 7-55 2023 年 2 月 7 日思源电气出现顶分型且破 5 日均线

案例 7-23 国光电器（002045）

2023 年 8 月 25 日国光电器出现极品底，8 月 26 日出现底分型且日 K 线穿越 5 日均线，于 8 月 30 日站上 5 日均线，此时收盘价为 12.92 元，此后一路有调整地高涨，至 2023 年 11 月 16 日出现顶分型且跌破 5 日均线，此时收盘价为 16.22 元，涨幅约为 26%（见图 7-56、图 7-57）。

图 7-56　2023 年 8 月 25 日国光电器出现极品底

图 7-57　2023 年 11 月 16 日国光电器出现顶分型且跌破 5 日均线

一统天下中线不能在大幅翻倍后初步下跌时使用，需要在大涨后经过充分调整，也就是下跌后至少形成一个中枢后创新低才能使用，如图 7-58 和图 7-59 所示。

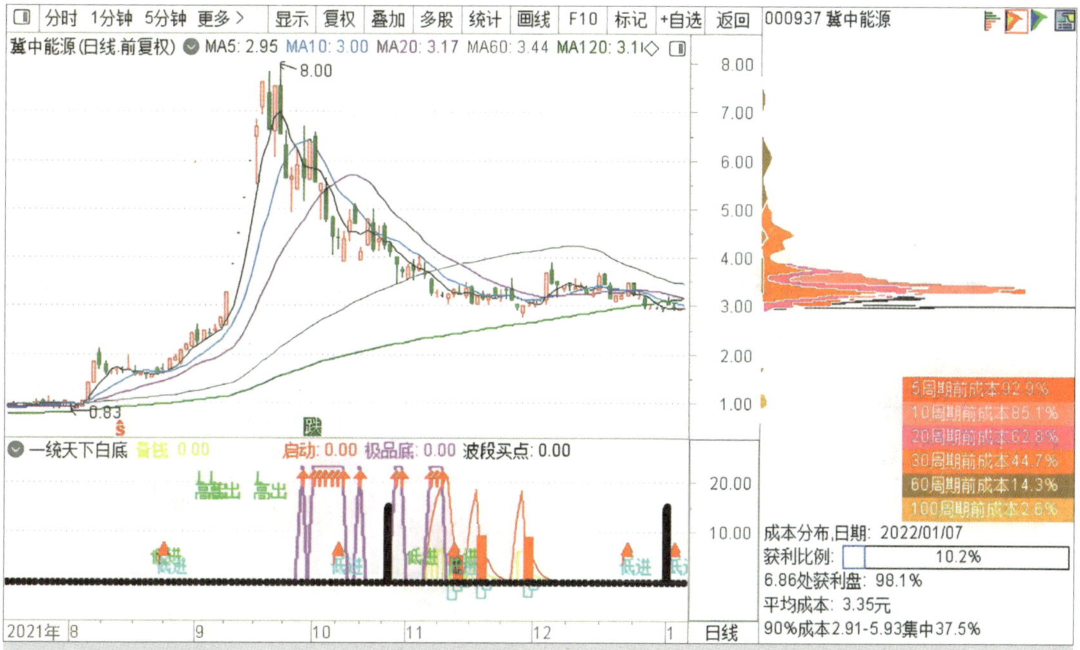

图 7-58　冀中能源翻倍后出现几个极品底

图 7-59　万邦德大涨后出现极品底

一统天下答疑

1. 一统天下波段买点信号出现后找K线底分型是指在信号出现后起算，还是信号当天的日K线就可以算作底分型的组成K线？

信号出现当天产生的K线可以用作底分型K线，大部分都要等两三天才会出现。所以一般用周线选波段买点，如果用日线选，则最多进仓三成。

2. 一统天下的指导级别不需要底分型，交易级别需要底分型，对吗？

对的。

3. 周线指导30分钟级别交易，且出现了倚天剑，需要周线确立底分型站上5日均线吗？还是周线出现信号，在30分钟出现倚天剑及底分型站上5日均线即可交易？

不需要周线确立底分型并站上5日均线，只需要30分钟级别底分型确立站上5日均线即可进仓五成。

4. 头肩底形态没到达目标位，也没破颈线位，但一统天下显示高出，这种情况下走还是不走？

可以在对应的周期上T出，下跌一段后，只要不跌破颈线位，在对应的周期上回补即可。

08 第八章

大美女模型

第一节 大美女模型

头肩底模型和头肩顶模型，可称为“大美女模型”。在大美女模型中，尽量要找大级别的美女，盈利更可观。

一、颈线

在使用大美女模型时，找准颈线非常关键。那么颈线究竟怎么画呢？找出大美女形态，从左往右数的第二高和第三高，取二者中较低那根 K 线，过被选中 K 线的最高点作水平线，这根水平线即这个大美女的颈线，如图 8-1 和图 8-2 所示。

图 8-1 2022 年 9 月至 2023 年 3 月厚普股份大美女模型颈线

图 8-2 2023 年 10 月至 2024 年 5 月金山办公大美女模型颈线

二、盈利预期

一般来讲，大美女模型在右眼形成并站上颈线后，股价还能继续高涨，涨幅高度经常会大于鼻子到颈线的高度。

以下是一些大美女模型形成案例，如图 8-3 至图 8-8 所示。

案例 8-1 天孚通信（300394）

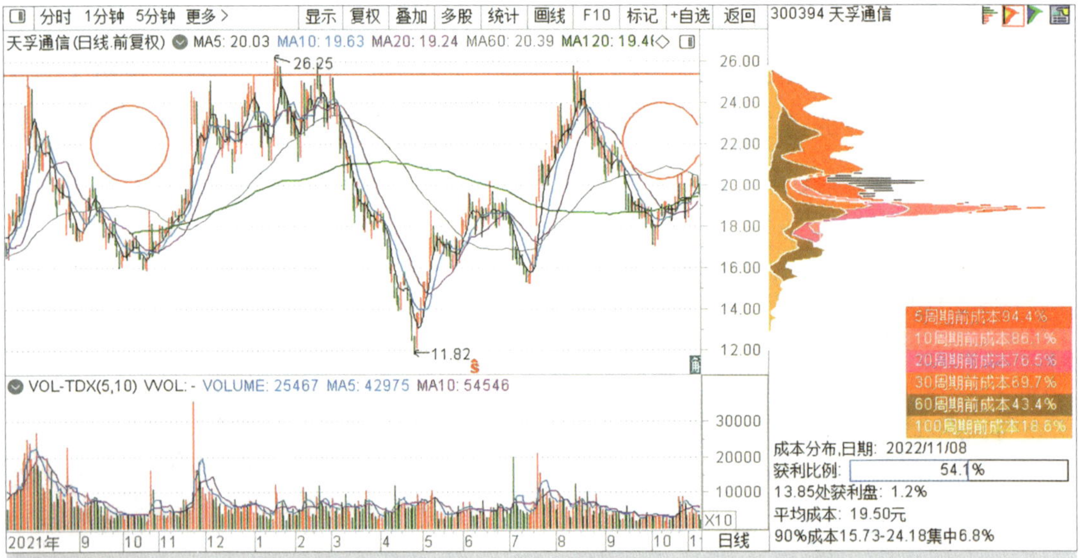

图 8-3 2021 年 8 月至 2022 年 11 月天孚通信大美女模型形成

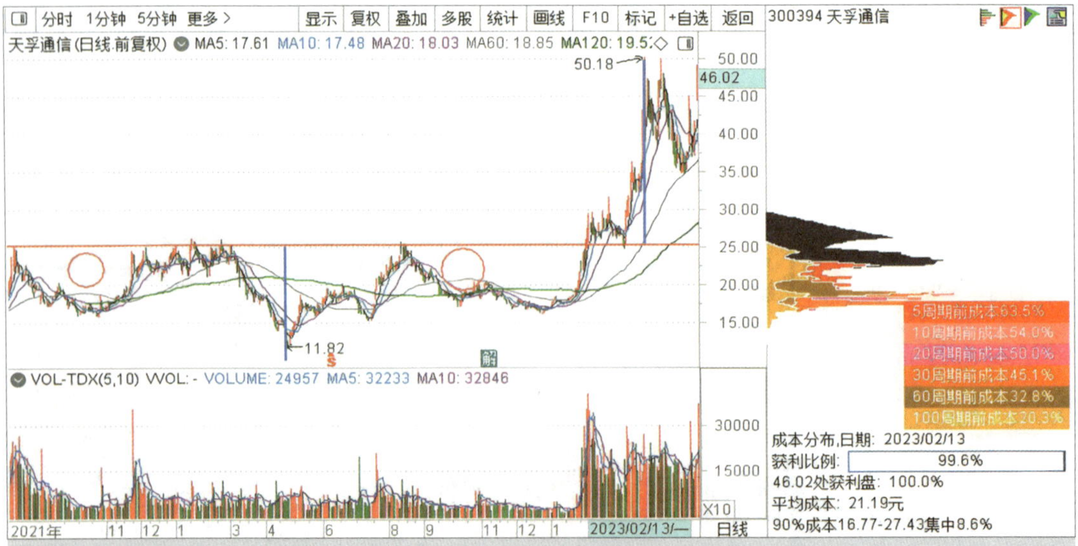

图 8-4 2023 年 1 月天孚通信突破颈线位，盈利超过鼻子高度

案例 8-2 昆仑万维（300418）

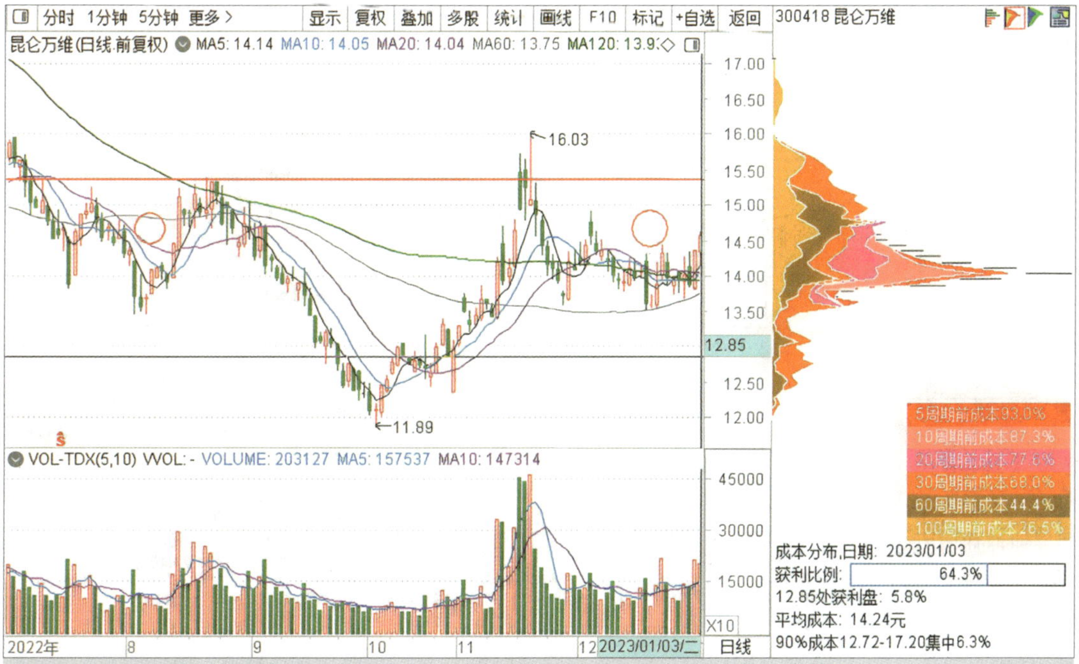

图 8-5 2022 年 7 月至 2022 年 12 月昆仑万维大美女模型形成

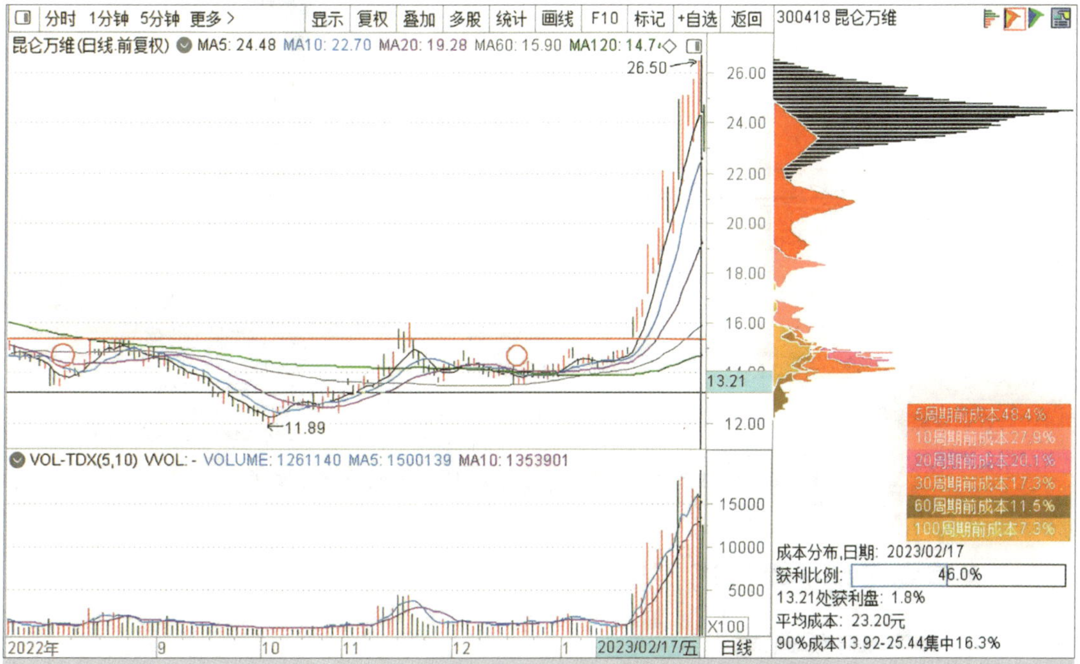

图 8-6 2023 年 2 月昆仑万维突破颈线位，盈利超过鼻子高度

案例 8-3 掌阅科技（603533）

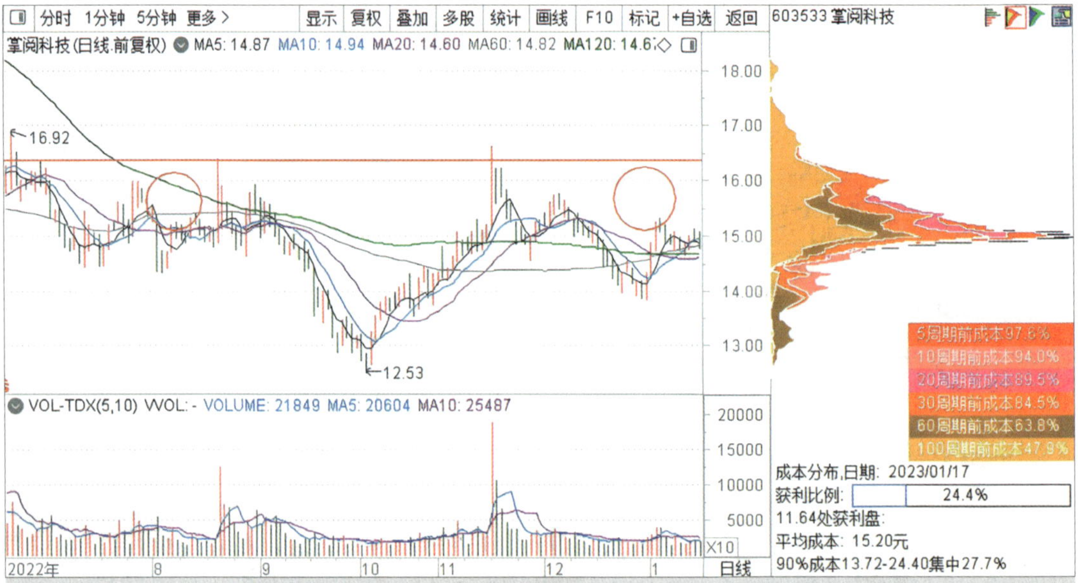

图 8-7　2022 年 7 月至 2023 年 2 月掌阅科技大美女模型形成

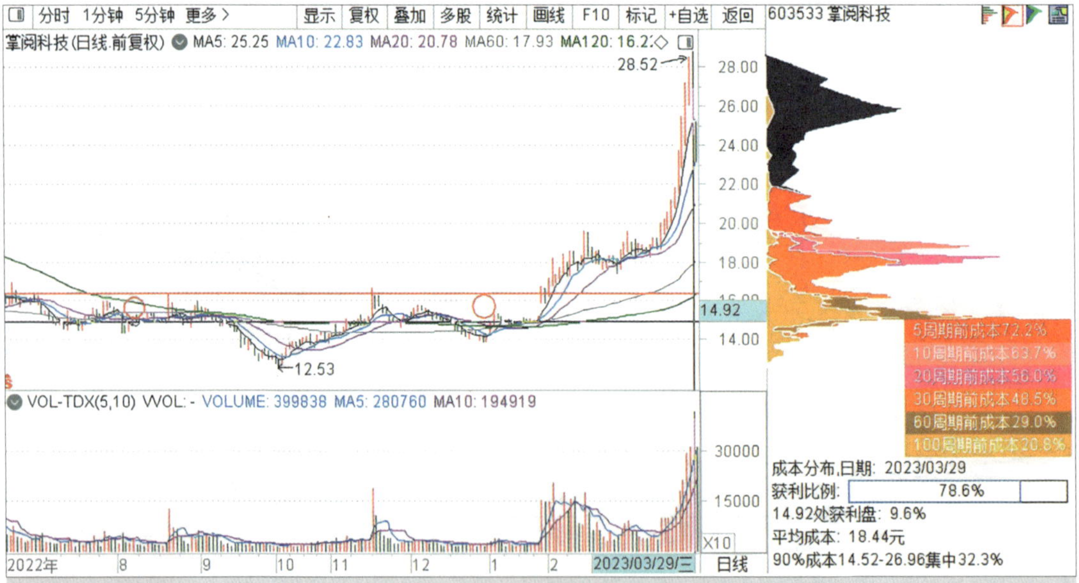

图 8-8　2023 年 2 月掌阅科技突破颈线位，盈利超过鼻子高度

三、大美女模型买卖技巧

（1）按要求画好颈线。

（2）在右眼形成突破颈线并站稳颈线后买入。

第二节 15 倍投资报酬比计算方法

投资报酬比是指利润与风险金的比率。投入 1 元的风险金有可能赚来 3 元，则投资报酬比为 $\frac{1}{3} \approx 0.333$。

机构交易员做出的投资计划有极高的合格标准，15 倍的投资报酬比是其合格的标准之一，也就是在亏损 1 元的情况下，应有 15 倍的投资回报，机构才会批下这笔投资资金。

那么如何利用大美女模型达到这一点呢？大美女形态是可以判断买入价格、止损价格、目前价格的。我们只需要知道可能发生的止损价格和目标利润，就可以轻松计算出合适的投资报酬比。

例题：头部价格为 5 元，颈线位价格为 10 元，有效突破价格为 10.3 元，那么我们承担的风险为 0.3 元，目标利润为 5 元。

如图 8-9 所示，计算出的投资报酬比为：

$$\frac{5}{0.3} \approx 16.667$$

16.667 > 15，是一笔合格的交易。

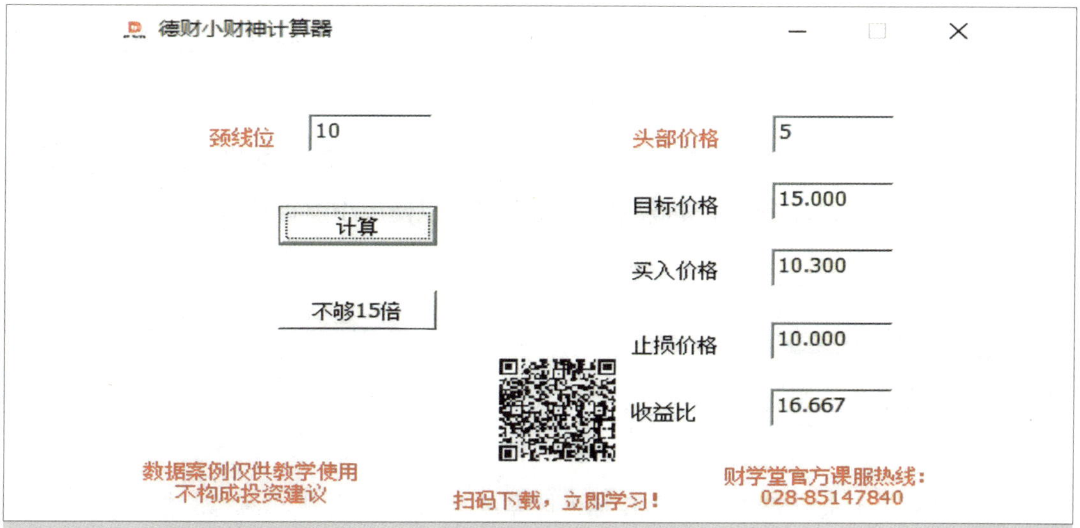

图 8-9 大美女模型投资报酬比计算 1

例题：头部价格为 5 元，颈线位价格为 7 元，有效突破价格为 7.21 元，那么我们承担的风险为 0.21 元，目标利润为 2 元。

如图 8-10 所示，计算出来的投资报酬比为：

$$\frac{2}{0.21} \approx 9.524$$

9.524 < 15，是一笔不合格的交易。

图 8-10 大美女模型投资报酬比计算 2

在投资报酬比不合格的情况下，该怎么办呢？颈线位和头部高度是不变的，要使投资回报率达标，我们可以调节减少风险金即降低止损位置。等有效突破颈线位后，股价回落到一个合适的区间，导致止损价位变低。根据这个原理，可以反推一个买入价：$\frac{2}{15} \approx 0.133$ 元，即应该把有效突破价设为 7.13 元。

在笔者发明的小财神计算器中能够轻易计算出投资报酬比，若投资报酬比不达标，在调节风险金以达到合格的投资报酬比过程中也可以使用小财神计算器。

大美女模型答疑

1. 颈线位划线一定要呈水平状吗？一头稍高或稍低可以吗？

不可以。颈线位必须是水平线，以第三高的最高点为基点。

2. 除权后是大美女形态，计算目标位时需要复权吗？

看美女必须用前复权。只有在回看历史数据时才用不复权模式。

3. 在大美女的鼻子部分不对称的情况下，可以操作吗？

大美女模型须按照大眼睛直鼻子的要求来，如果眼睛不大（洗盘不充分），就有可能在颈线的位置洗盘，也就是说，成功率会下降。

4. 突破颈线 3% 时是实体突破还是上影线突破？

无论是上影线突破还是实体突破，都算有效。

5. 三天站稳是指前三天站在颈线位上，第四天突破 3%；还是连续三天都需要突破 3%？

三天站稳是因为首日突破不坚决，若连续三天收盘价都在颈线位以上，就没有 3% 的要求了。

6. 大美女形态首日突破颈线位但未有效突破，要看三日是否站稳，是看收盘价还是盘中价站稳？站稳了是在突破的第三日介入还是第四日介入？站稳后的价格已经高于买入价时还能买吗？

收盘价。站稳第三天收盘就可以介入。视站稳后的价格高于收盘价多少来决定，可用投资报酬比来计算。

7. 大美女目标价没到就转而下跌，并跌破颈线位，大美女模式还有效吗？

跌破颈线位时当然要走人。

8. 美女跌破颈线位后又突破颈线位并企稳，还可以继续操作吗？

当然可以。

9. 大美女突破又回调的，如何找支撑位呢？

第一天破位了，就不用再向下找支撑了。

10. 大美女没有到目标价就回调到颈线位，能买吗？

够 15 倍投资报酬比就可以买。

11. 大美女形态超过目标位且涨停，需要全仓卖出吗？

出半仓，剩下的用九五至尊指标跟踪，跌破九五线则清仓。

12. 大美女形态股票的股价徘徊在颈线位，但是基本面业绩不好，如果当天真突破买入点，是果断买入还是再观察一两天？

有忌惮就不去买。

13. 大美女形态完成后，第一次突破失败后回调，之后若是再突破还能做吗？

当然可以，只要还是大美女。

14. 美女突破颈线 3% 了，但收益不到 15 倍，股价没回撤到 15 倍收益比的地方又上去了，还追吗？

当然不追，等它回，不回就是跟你无缘，不要强求。

15. 美女到目标位后回调到颈线位不破，可以买吗？

那就是其他操作模式了，如潜龙在渊和一统天下。

16. 大美女形态在颈线上横盘多久可以放弃？

美女在颈线上就陪伴，此时可将一统天下做成零成本。

17. 大美女的第二高、第三高的位置高度差有要求吗？

当然是越接近越漂亮。

18. 周线级别的大美女如何确定买入价？

到日线上去确定，它在日线上也一定是一个大美女。

19. 大美女第一波已经到目标价，后面类似走了个双头后又回到颈线位，日线倚天剑也出来了，还会再走到目标价吗？

那就脱离大美女模式了。可以用一统天下操作。

20. 小美女上方还有一个大美女，按照小美女计算的15倍投资报酬比已经超过大美女的颈线位置，是以小美女15倍投资报酬比为准还是以大美女的颈线位为准？

一般来说，小的要服从大的，在冲击大美女颈线位置的时候可以先出场观望。

21. 没到美女目标位，九五下穿了，出现了对子顶、长上影等，后续如何操作？

害怕就减半仓。

22. 首日突破了颈线位，但是底部筹码全部卖光了，这个美女是追还是放弃？

感觉不好就不追。

09

第九章

解套套牢股

第一节 学会将个股成本变负

在运用理论时，唯一需要预防的风险就是交易能否延续以及交易是否算数。对于那些要停止交易的品种，最好不要碰，用什么理论都没用。至于停牌，不影响理论对风险的控制。其他的一切风险，必然会反映在走势上，只要走势是延续的，就不会突然被停止而永远没有了，那一切的风险都在本理论控制之中。这是一个最关键的结论，运用理论，也是首先要明确的。但更重要的是，停止交易不是市场的原因，而是自身的原因。交易的前提是先有钱，如果钱是有限期的，那么等于自动设置了一个停止交易的时限。限期交易，是所有失败交易中最常见的一种，以前很多人败在透支上，其实就是这种情况。

任何用于交易的钱，最好都是无限期的。如果真有什么期限，也是期限足够长的，这是投资中极为关键的一点。用有限期的钱进行投资，需要把操作的级别降到足够低，这样才能把期限内的风险控制在可控范围之内，但这只是一个没有办法的办法，最好不要采用有限期的钱来炒股。

一、成本变负

有人可能要问，如果业绩突然不好或有什么坏消息怎么办？其实这种问题没什么意义，即使在成熟社会中，这类的影响都不算什么，更不用说在现代社会里。什么消息可以没有任何人事先知道？你不知道不等于别人不知道，你没反应不等于别人没反应，无论你知道与否，都必然会反映到走势上，等消息明朗了，一切都晚了。

走势是市场中唯一可以观察的东西。一切基本面、消息面等分析，最终都要落到走势上，只要是钱的运动就必然会留下轨迹，必然在走势上反映出来。

应用此理论的人，首先要认清交易的本质。那些能让你在下一时刻变出更多的钱的凭证就是值得买的。交易的风险永远存在。那么什么样的方法能够使交易毫无风险？唯一的可能就是你拥有一个负价格的凭证。什么是真正的高手？就是有本事在相应的时期内把任何的凭证变成负价格的人。对于真正的高手来说，只要市场有波动，就可以把任何的个股在足够长的时间内将其价格变成负值。该理论本质上只探讨一个问题：如何把正价最终在足够长的时间内变成负数。任何的市场波动，都是为把股票变成负成本的活动提供正面支持，无论是先买后卖还是先卖后买，效果都是一样的。但是很多人就只会单边运动，不会来回动，这都是坏习惯。

市场的走势无论是涨还是跌，对于你来说永远都是机会，你永远可以在买卖之中获利，只要有卖点就要卖出，只要有买点就要买入 。需要控制的就是量（量就是资金管理，交易就是资金管理的艺术）。即使对于很小的资金量来说，1 分钟的卖点我也会参与，只是可能就只卖 5 万股，跌回来 1 分钟，买点形成，此时再买回来，差价就只有 1 毛钱。整个操作除了手续费可能只有 4000 元的盈利。而更重要的是，这样的操作能让总体成本降低，即使是 1 分钱的差价，我也会这样做。所以对于我来说，任何的卖点都是卖点，任何的买点都是买点，我唯一需要控制的只是买卖的量而已。

级别的含义其实只有一个，基本只与买卖量有关，日线级别的买卖量当然比 1 分钟级别的要多得多，我可以用更大的量去参与买卖，如 100 万股、1000 万股，甚至更多。对于任何成本为正的股票，我基本都不信任，只有一个想法，就是要尽快将其做成负数。需要注意的是，仓位是一直不变的，最开始多少就是多少，上上下下，卖点的时候变少，买点的时候又恢复原来的数量，但绝对不加量，一开始就买足。因此，站在这个角度来看，股票是无须选择的，唯一值得选择的就是波动大的股票，而波动是否足够大是不能完全预测的。谁知道下一次会怎么样，对于我来说，市场从来没有任何的风险，除非市场永远保持一条直线。

当然，对于资金量小的投资者，完全可以全仓进出，游走在不同的凭证之间。这样做的效率当然是最高的。大资金不可能随时买到足够的量。一般来说，我只在月线，最低是周线的买点位置进去，追高是不可能的，这样会让成本变成负数的进程变得太长，而且都是在庄家吸得差不多时进去，一般都是二类或三类买点，这样可以骗庄家打压给点货。从散户手里买东西太累，一般不在月线的第一类买点进去，这样容易将自己变成庄家。对于庄家来说，我是一个可怕的“敌人”，无论庄家是向上还是向下，都只能为我制造把成本摊成负数的机会。一笔足够的钱 + 本理论的熟练运用，一定会战无不胜。市场，哪有什么风险？

在这里，无所谓牛市熊市，例如，如果分解的级别是 30 分钟，那么只要 30 分钟上涨就是牛市，否则就是熊市。在分解视角下，不管市场的实际走势如何，完全可以把市场有效地分解成一段段 30 分钟走势类型的连接。如此分解，如此操作，如此而已。需要注意的是，这种方法或分解是可以结合在更大的操作系统里的。例如，你的资金有一定的规模，那么你可以设定某个量的筹码，按照某个级别的分解操作；另一个量的筹码，按照另一个更大级别的分解操作。这就如同开了一个分区卷钱的机器，机械地按照一个规定的节奏去吸市场的“血”。这样不断机械地操作下去，成本就会不断降低，而这种机械化操作的力量是很大的。其实，根本无须关心个股的具体涨幅有多少，只要足够活跃，上下震荡足够大，这种机械化操作产生的利润就是与时间成正比的。只要时间足够长，就会比任何单边上涨的股票产生更大的利润，甚至可以对所有股票按某级别走势的幅度进行数据分析(用ATR指标最便捷)，把所有历史走势都计算一次，选择一组历史上某级别平均震荡幅度最大的股票，不断操作下去，这样的效果更好。这种分解方法特别适合资金量小时间又充裕的人进行全仓操作，也适合大资金持股者进行一定量的差价操作，更适合庄家的洗盘降本操作。当然，在具体应用时，每种情况下的实际操作方法都有所不同，但道理是一样的。

二、解套策略

解套策略分为主动性解套策略和被动性解套策略两种。被动性解套就是把被套的股票放在一边不去管它，坐等大盘走好，再把股票价格带上来。这种方法是没有办法时的消极办法，如果行情一直不好，则会输得很惨。所以一般不提倡被动性解套。主动性解套总的来说主要有以下六种方法：向下波段法、向上波段法、单日“T+0”法、分批解套法、换股解套法、止损解套法。

1. 向下波段法

股票被套后，要先对大盘与手中个股之间的联系进行正确判断。如果大盘还有下跌迹象，可以先在此点位卖掉部分股票，等待个股下跌。当发现大盘有止跌迹象，就立即重新买回该股，然后坐等大盘反弹上去。当发现大盘与个股向上的走势再次遇到阻力，则继续卖掉部分股票，再次等大盘下跌到下一个相对低点买入，然后上升相对高点再卖出，如此循环下去。通过这样不断地高卖低买来降低股票的成本，最后等总资金补回了亏损，完成解套。

2. 向上波段法

股票被深套后，如果大盘开始企稳，不建议再有割肉动作，而应寻找低点买入股票，等反弹到一定高度，估计见短线高点了再卖出。这样来回操作几次，能够降低股票成本，弥补亏损，完成解套，如图 9-1 所示。

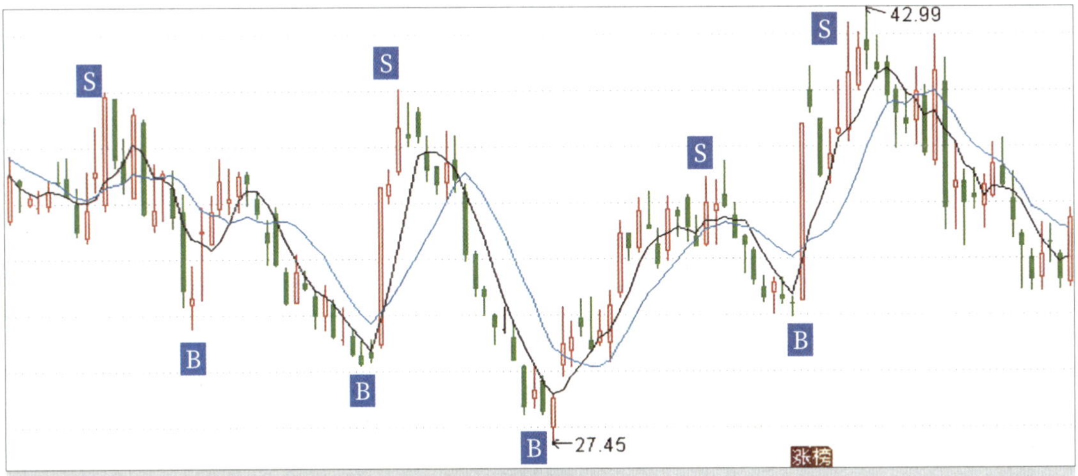

图 9-1 向上波段法

3. 单日“T+0”法

单日“T+0”法主要是依靠股价每日的上下波动，利用小幅价差解套。比如，如果有100股，某天该股票低开或者股价下挫，当价格企稳有反弹趋势时，立即买100股，股价上涨后，卖掉以前的100股则能获得盈利；如果股价高开或冲高见顶后，可以先卖100股，然后等股价下跌后，再买回100股，则减少了下跌部分的亏损。这样上涨可以获得双倍甚至多倍收益，下跌可能减少损失甚至获得收益，如此就可以降低成本，直到解套。运用该方法需要平时对该股的方方面面多加了解，熟悉其涨跌走势将使你的操作得心应手。

4. 分批解套法

分批解套法主要是利用手中的股票分批做差价以降低成本，如可将套牢个股分成多等份卖出。若第一批卖出后股价回落，则于低位补入等量股票；若第一批卖出后股价不降反升，寻机再卖出第二批，如有回落，就补入第二批卖出的股票数量，以此类推，通过几次运作可在滚动中很快降低成本甚至解套。当然运用这种操作方法要了解个股的股性，特别适合波动较大的股票。如此，能够给操作失败的投资者留有回旋余地，不必过于担心一卖了就涨而陷入被动境地。

5. 换股解套法

换股解套法适用于无基本面支持或无资金关注的股票，主要是卖出弱势股，买入强势股，以新买品种的盈利抵消前者的损失。该策略的理念是追求资金解套而非股票解套，追求利益最大化。其优点是不受原被套股票的束缚，追求利益最大化；缺点是风险巨大，换股失误将是"赔了夫人又折兵"。因此，换股一定要注意股票的质地和价位，慎重行事。下面是换股的操作技巧。

（1）留热换冷。有些冷门股，全天成交稀少，可能长期横盘或持续下跌。如果手中有这样的个股，应该及早把它抛出，换入市场热门个股。

（2）留强换弱。大盘调整时，弱势股通常会随着大盘大幅回落，而大盘反弹，弱势股却仍然下跌，即使反弹也明显弱于大盘。所以投资者一旦发现自己手中持有的是这类弱势股，就要及时清仓，另选强势股，这样才能有效保证资金的利用率。

6. 止损解套法

（1）当发现自己买入某种股票是一种严重错误时，一定要果断卖出，不要错过止损的机会。另外，要避免在低位操作。

（2）当明显觉得股指将深幅下挫时，如上调印花税等系列政策出台，对于涨幅过大股、非合理估值范围内的个股，应第一时间止损。

（3）当个股放量下跌，出现异常卖盘时，说明主力资金无力护盘或获利出场而出货强烈，应果断止损。

（4）趁反弹卖出。如果股价快速下跌，未能第一时间抽身，这时再恐慌地杀跌止损，所起的作用将很有限。经过深幅快速下跌后的股市极易出现反弹行情，投资者可亡羊补牢，趁大盘反弹时卖出。该策略的操作要领在于投资者对大势和个股有正确的判断，能当机立断，具有承亏的心理素质。只有及时果断地卖出，才能防止投资损失的进一步扩大。

第二节 资金仓位管理

交易的成败取决于三个方面——策略、资金管理、心态。每个人都有自己的投资策略，如价值投资也是一种策略，事件驱动也是一种策略，打板也是一种策略。每一种策略都会要求你在不同的情况下有自己获胜的把握，比如，大概能赚多少，亏损了怎么办，什么情况下要止损，然后再考虑投入多少资金。理论上，散户有更大的操作自由，因为基金要考虑回撤，而散户完全可以根据利润最大化原则进行投资，不过上面的问题一般散户基本上没有考虑过，大部分散户都在稀里糊涂地赚钱，然后稀里糊涂地亏钱。

每个人最好只采取一两种策略。为什么？因为你无法十八般武艺样样精通。道理就是这么简单。心态，就是同样的事情反复做，越做越熟练，每种情况都很熟，都能从容应对，心态就会越来越好。

如果把前面的问题都解决了，你就可以开始考虑仓位管理了。基本上所有大师的观点都是，初级交易者应该重视策略，成熟的交易者应该重视资金管理。美国投资家查理·芒格推荐的书单里有一本书叫《巴菲特的投资组合》，其第一章就提到了仓位管理，里面用大量篇幅介绍了凯利优选模式（Kelly Optimization Model）。很多资料表明巴菲特是凯利公式的忠实使用者，不仅他不时提起，他的老搭档查理·芒格也不时提起，更重要的是，巴菲特的投资案例也非常符合凯利公式（$f=\frac{p}{a}-\frac{q}{b}$）。

让这个公式出名的是他的同事爱德华·索普（Edward Thorpe），他专门写了一本书——《战胜赌场》（*Beat the Dealer*）。他的故事还被拍成了电影《决胜 21 点》。

什么意思呢？如果赢的概率是$\frac{2}{3}$，赚了翻倍，亏了赔光，按照这个公式，最佳的仓位应该是多少呢？答案是$\frac{1}{3}$的仓位。

如果是 80% 的胜率呢？答案是 0.6，也就是六成仓位。

再举个例子，假设 p=0.5，q=0.5，a=1，b=2，代入公式计算出 $f=\frac{p}{a}-\frac{q}{b}=\frac{0.5}{1}-\frac{0.5}{2}=0.25$。

代入公式，如果输赢的概率相等，赚了可以赢两倍，亏了输光，这个时候我们应该投入的仓位是$\frac{1}{4}$。

从上面的计算可以看出输赢的比例和盈亏的概率都会影响到仓位的选择。

假设我们现在准备做超跌，纯指数不选股，按照我们介绍的方法，知道胜率是80%，假设赢了5%止盈，亏了5%止损，应该投入多少仓位呢？答案是12倍。其实这里的输赢与上面的例子是一样的。如果我把胜率改成80%时最佳的仓位是六成，如果输的话60%就没了，与这里的结果是一模一样的。

进入正题，在凯利公式中，仓位与三个要素有关：胜率、赢的时候赚多少、亏的时候亏多少，按照这三个要素来计算仓位，下面再重复一下凯利公式的完整形式：

$$f=\frac{p}{a}-\frac{q}{b}$$

其中：f表示分配的资金比例，p表示获胜的概率，q表示失败的概率，a表示失败损失率，b表示获胜收益率。

假设$p=\frac{2}{3}$，$q=\frac{1}{3}$，$a=1$，$b=1$，代入上面的公式就能计算出分配的资金比例$=\frac{1}{3}$。

将以上公式的研究，运用到股票投资中，可以得到以下的最佳分仓方案：30%、30%、30%，剩下10%作为机动资金，不停留在任何一只股票中，而前三只股票只流动做T。

重点：仓里的三只股票不能是同一模式。听话照做，能够抵御系统性风险，不会因为一次的决策失误而造成满盘皆输的局面，只有这样才能在股市中长期存活下去。

第三节 从十万做到千万·小资金快速做大法

《国富论》（*The Wealth of Nations*）是亚当·斯密的一本经济学专著，被喻为西方经济学的“圣经”。

人人都能够把自己消费不了的自己劳动生产物品的剩余部分，换成自己所需要的别人劳动生产物品的剩余部分。这就鼓励大家各自从事一种特定业务，使我们在各自的业务上磨炼和发挥自己的天赋或才能。人的天赋和才能的差异，实际上并不像我们所感觉的那么大。人在壮年时在不同职业上表现出来的极不相同的才能，在多数场合，与其说是分工的原因，倒不如说是分工的结果。

人们彼此间，哪怕是极不类似的才能也能交相为用。他们依着互通有无、物物交换和互相交易的一般倾向，把运用各种才能所生产的各种不同产物，凝聚成一个共同的资源，每个人都可以用这个资源随意购取自己需要的别人生产的物品。(《国富论》节选)

若以 1000 元为本金，年利率为 10%，经过 15 年，在单利和复利两种不同的收益计算模式下，其获得的总收益相差非常大，如图 9-2 所示。即在长时间积累下，相同的收益率，复利要比单利收获多很多。

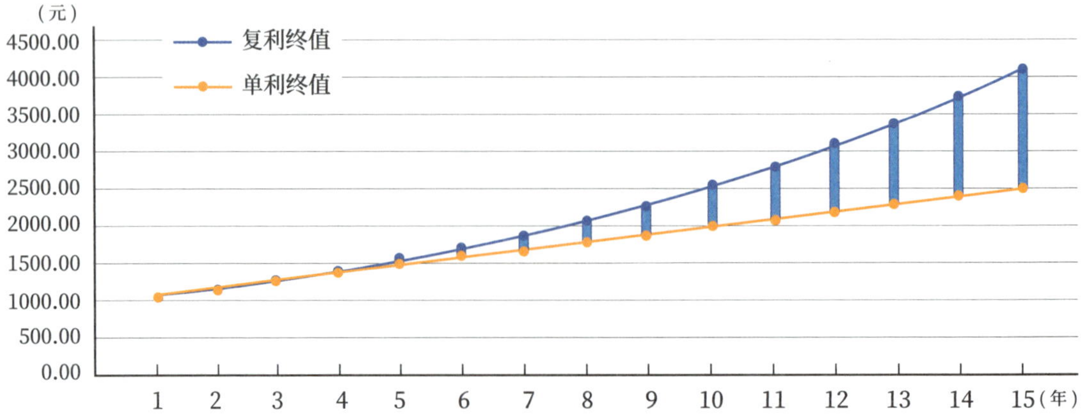

图 9-2 复利终值与单利终值的比较

通过表 9-1 可知，只有盈亏比例够高时，才能通过长时间的积累实现最终盈利。如果盈利概率与亏损概率相当，则一次失手，就会导致前面所有的盈利都功亏一篑。

表 9-1　不同盈亏比例下的终值比较

具体数值（万）＼盈亏 / 时间	顶级	高级	高级	中级	低级	复利		不抗危		赌博
	50%	30%	20%	10%	3%	亏 5%	赚 50% 亏 30%	赚 100% 亏 50%	赚 50% 亏 50%	赚 200% 亏 80%
0 年	10.00	10.00	10.00	10.00	10.00	10.00	10.00	10.00	10.00	10.00
1 年	15.00	13.00	12.00	11.00	10.30	9.50	15.00	20.00	15.00	30.00
2 年	22.50	16.90	14.40	12.10	10.61	9.03	10.50	10.00	7.50	6.00
3 年	33.75	21.97	17.28	13.31	10.93	8.57	15.75	20.00	11.25	18.00
4 年	50.63	28.56	20.74	14.64	11.26	8.15	11.03	10.00	5.63	3.60
5 年	75.94	37.13	24.88	16.11	11.59	7.74	16.54	20.00	8.44	10.80
6 年	113.91	48.27	29.86	17.72	11.94	7.35	11.58	10.00	4.22	2.16
7 年	170.86	62.75	35.83	19.49	12.30	6.98	17.36	20.00	6.33	6.48
8 年	256.29	81.57	43.00	21.44	12.67	6.63	12.16	10.00	3.16	1.30
9 年	384.43	106.05	51.60	23.58	13.05	6.30	18.23	20.00	4.75	3.89
10 年	576.65	137.86	61.92	25.94	13.44	5.99	12.76	10.00	2.37	0.78
11 年	864.98	179.22	74.30	28.53	13.84	5.69	19.14	20.00	3.56	2.33
12 年	1297.46	232.98	89.16	31.38	14.26	5.40	13.40	10.00	1.78	0.47
13 年	1946.20	302.88	106.99	34.52	14.69	5.13	20.10	20.00	2.67	1.40
14 年	2919.29	393.74	128.39	37.97	15.13	4.88	14.07	10.00	1.33	0.28
15 年	4378.94	511.86	154.07	41.77	15.58	4.63	21.11	20.00	2.00	0.84
16 年	6568.41	665.42	184.88	45.95	16.05	4.40	14.77	10.00	1.00	0.17
17 年	9852.61	865.04	221.86	50.54	16.53	4.18	22.16	20.00	1.50	0.50
18 年	14778.92	1124.55	266.23	55.60	17.02	3.97	15.51	10.00	0.75	0.10
19 年	22168.38	1461.92	319.48	61.16	17.54	3.77	23.27	20.00	1.13	0.30
20 年	33252.57	1900.50	383.38	67.28	18.06	3.58	16.29	10.00	0.56	0.06

其他答疑

1. 怎样才能在集合竞价下买入很难买入的股票?

看 9:25 的开盘，挂买 2 价格可以迅速成交。

2. 以前看到好的拉升股票，填个涨停价，马上成交；看到要快跌的股票，填个跌停价，立马成交。现在看到手持股票大跌，马上挂跌停价，却显示废单，又抓紧填了一个当前价，结果也没成交，后来一直跌，亏了很多。请问问题出在哪里?

注册制后实行了价格笼子，填低 10 个价位一定可以成交。

3. 如何在龙头板块里寻找有潜力的龙二?

连板高的强于低的；首先封板的强于后面封板的；和龙头概念相近、形态近似的，机会更大，次新美女回踩要注意是否站上颈线位。

4. 龙头板块如何争夺人气?

连板高度更高的是龙，梯队完整的更佳，完整的是龙头，不完整的是妖股。

后记

炒股是为了什么？为了赚钱，为了退休以后还能赚钱，为了不失业。虽然股市里赚钱快，但是亏钱也快。除了上市公司的表现，众人的心理预期、行为预期和资金博弈，也能大幅影响股价的走势和股民在股市中的得失。为了保证资金的安全，小散户一定要记住一条铁律——不碰下跌趋势中的股票，这样你就能战胜90%的股民。

绝大多数股民炒股亏钱，不是因为追涨杀跌，而是因为逆势而为。下跌途中死扛，甚至不断补仓，结果买的股票所托非人，直接导致本金大幅折损。本金大幅折损是股市的第一大忌。

规避资金流动性低迷导致的趋势性下跌，是股市中保存战斗力的必要条件。

尽量不要去参与存量资金博弈的市场，因为没有资金的股市会出现总体上的下滑，只有宽松的货币政策和源源不断的资金入市，才有可能推高总体的股价。

永远不要去幻想别人的股票都出现下跌，而自己买的股票一枝独秀。存有这种幻想的股民绝大多数都亏了。也永远不要去幻想自己可以抄到市场的底部，绝大多数情况都在山腰上。

股票市场的热钱决定了资金的宽裕程度，也决定了股价的合理程度。大多数人认可股价500元，那股价就值500元，所有的一切都是由资金共识决定的。而资金的这种共识容易形成趋势。你追高，我也敢追高，因为进得去，出得来；你不抄底，我也不抄底，因为进得去，出不来。所谓的流动性溢价和折价，就是在这种共识下形成的。要想赚钱，必须严格遵循以下规则。

1. 制定自己的交易规则，让情绪远离股市行情

进入交易类市场，情绪难免会受到市场波动的影响。情绪在市场中是一把“尖刀”，经常会伤及自身，所以要尽量避免情绪化操作。人非草木，所以刻意地压抑情绪肯定行不通，这时，要用交易原则去制约自己，这就是最好的选择。交易原则并不复杂，包含三个必然要素，买什么股票，什么时候买，什么时候卖。把问题想明白，操作时就不会受到情绪影响，多看看交易原则，可以让自己在市场中更冷酷无情一些。

2. 避免幻想，永远不要和趋势对着干

无论是政策导向还是资金导向，你可以没看懂，可以没参与，但是不要去否定它。股票不存在所谓不合理的上涨，资金流动本身也有其他规律，胡乱炒作的背后也会有其自身的逻辑。满仓需要有满仓的理由，空仓也要有空仓的理由，不要因为满仓就盲目看涨，也别因为空仓就盲目看跌。判断行情的依据是资金和趋势，并不是自己的仓位。每一次趋势的改变，背后是资金的“大跃进”，不管是入场还是离场，都不是一蹴而就的。所以趋势的改变不会那么快，大多数时候是有周期的。但当趋势发生明显的改变后，就不要再幻想了。

3. 多研究公开信息、行业报告，少听别人分析行情

市场里的信息太多，需要有意识地进行筛选。人云亦云是大忌，市场中的言论一定是有分歧的，听多了只会影响自己的判断。说白了，

没有人会对你的钱包负责，很多时候，别人的论点并不能构成你做投资的依据。在行业信息中，要寻找一些有价值的消息，如行业研报。虽然研报不能决定股价短期的涨跌，但是很多真实的数据可以让你对整体的行业发展趋势有一个更清晰的判断。

进入A股市场投资之前，相信大家都有去了解过一些专家的经典理论，很多人说技术才是王道，很多消息面基本都会在技术面上得以体现，还有人说技术面只是参考，因为绝大部分技术指标都会有滞后的缺陷。其实每一种说法都有一定的适用性，并在部分实践中得以验证，但是这些理论都不能适用于所有情况，或者一种理论不能解决所有问题，要取百家所长，并综合运用，才能在实际操作中取得成功。在我看来，我们绝对没有庄家和主力掌握消息面及时，通常流出来的消息已经被庄家和主力所运用，但是他们运用的过程往往可以从技术面上体现出来，使形势发生改变。所以精通了技术面，不仅可以发现形势变化并紧跟形势，也可以使我们把握住机会，放大自己的利益。

学员好评

太阳：我是第一次接触到张老师技术，也在对美女眼睛战法用多股票小仓位反复做练习，形成肌肉记忆。有同学问我收益如何？张老师的学生一定是盈利的！但还没有爆发式增长。主要原因是我认为我的技术还没有过关，还需要练习，不能一次上满仓位，其次是没有投入太多的时间和精力，影响了总体收益。今后继续努力吧。

一粒微尘：在我对股市失去信心后，张老师专业而细致的教学，让我获得了知识和技能，明白了股市的运作规律，学会了如何进行投资和风险管理。感谢张老师组织的实践操作和模拟交易，张老师教授的知识点培养了我的决策能力和对市场的洞察力。通过模拟交易，我可以在没有实际风险的情况下，尝试不同的投资策略和方法，提升自己的技能和信心，并养成一种理性、客观和谨慎的投资态度。

Sherry Yan：张老师大道至简的理论和化繁为简的指标，让犹如小白的我醍醐灌顶，使我掌握了一套行之有效的盈利模式。尤其两个多月以来，张老师每天沉浸式的陪伴学习，让我们心里很有底气去尝试一些颠覆我们以前认知的事物和方法。因为我们知道，如果我们失败，张老师能随时帮我们分析、纠错、总结，让我们快速成长，让我们做交易更简单、更得心应手、更游刃有余。

问天雷：幸遇张师，教学有方，佛心教学，弟子不慌。九五至尊，潜龙在渊，美女咖啡，生动形象。单日反 K，博弈长阳，分时涨停，兵器多样。天天日报，周周直播，跟班提醒，有问必答。如此教学，聪慧慈祥，苦口婆心，耐心超凡。真心感谢，苦练勤学，账户长红，追风搏浪。

大飞哥：看了今天的直播，才知道日报该怎么看，里面有太多表面上看不到的东西。

善鑫: 不断反复观看张老师的课程，每次都有新的收获。在张老师的指导下选股、持股、卖股，我开启了赚钱养老的模式。计划你的交易，交易你的计划！

股海老牛：自从 2023 年 11 月报班，快一年了，张老师超前精准预测了至少三次大盘点位。① 2023 年 12 月底预测 2024 年 2 月 6 日变盘。② 2024 年 6 月 25 日预测 2024 年 7 月 25 日点位。③ 2024 年 8 月底又预测 9 月中旬深成指会来到 10726 点。不管你怎么想的，能做到像张老师这样，必须真心佩服！

拾贝：把一招学会学精，实现稳定持续的盈利才是我想要的，做到大盘不好不回撤，有行情时狠狠赚。现在每天有老师的日报汇总强势板块和个股的涨停因子，里面有好多金点子。我也希望同学们能学会自己悟道的那一招，打遍天下无敌手。

千愚：昨天老师分享的东限兄对美女体系的感悟，也是我学到现在的一种感觉。我总感觉恩师大美女体系是技术体系的集大成者，内含 K 线理论、交易心理情绪、波浪、趋势、缠论等。今天再领悟了自相似性的奥秘，其潜在逻辑仿佛串联起来了，心中喜悦油然而生。

千愚：各位同学，强烈建议大家把恩师的禅解道氏这节课像念经那样每日看上几遍。我今天在复读过程中，突然灵光乍现，困扰我已久的“自相似性”这几个字终于让我感受到它的内在魅力，它就像一把金钥匙，不光能解开股市交易的底层逻辑，仿佛它还能解开宇宙运行的规律、社会人文科学的规律。我认为它就是我们探索各领域奥秘的有效途径。

千愚：“自相似性”这个词太美了。放眼我们周围处处充斥着自相似性。起初，恩师初阶课里讲的头肩底分时形态到低位反转，然后演化到底分型，再到大美女，就是自相似性的一种外现。下穿九五线卖出与上穿潜龙线买入仿佛也暗含自相似性。往大了说，从道氏理论到波浪理论，再到缠论，也仿佛是自相似性的作用。在交易心理维度上，恩师课里还引入了佛家讲的人性五毒，90% 的散户亏钱就是人性贪嗔痴慢疑这个自相似性作用在股市上的外现。

长阳：跟着张老师，我心里感觉亮堂多了，就我那三脚猫功夫，给朋友说买票，乖乖，一只岩山科技赚了一百多万元了，他三块多进的，我就进了两万股。都是顺着张老师的方法摸索出来的。

慢就是快：一鸣食品，涨停创历史最高，涨了十个板，用美女图和老师的日报抓了九个板。没有天花板了，还会飞起来吗？昨天张老师小班课提到，再一次心动。

Ice2 一队：老师的一统天下很好用，比较适合做底部的、没时间看盘的。预设条件单，之后等几天，成功率较高。第一次尝试这种方法，周一自动下单买了中文传媒，今天吃到肉了，虽然不是强势股，但会有盈利，很安全。

千百度：大盘今天这一根绿棒，看来不少人都被打得落花流水！这一周张老师已经再三强调大盘会调整，有把握逆市操作的只可用少许资金参与，否则可等待信号。真真切切地感受到了老师的良苦用心与关爱呵护，让我面对如此诡异莫测的市场多了一份从容与自信。感恩张老师，谢谢您！

C270417：老师的美女战法真神。这是我炒股以来第一次赚大钱。你是我们心中的神！感恩！感恩！感恩！

岁月无限好: 今天申昊差点被洗出去，开盘低开急杀，只好留得青山在了，全部清仓，企稳后，加仓干入，底气来自张老师的教导，既然张老师能做好，我们没理由做不好。请相信相信的力量，感恩！（2024 年 12 年 11 日）

润泽稹：今天很想对张老师说声感谢。我是 2023 年 8 月 22 日晚上跟着老师学习，24 日买的大湖股份，今天上午（2023 年 8 月 29 日）以 10.31 元卖出；10 月 25 日买的金科股份，昨天（2023 年 8 月 28 日）买的南矿集团，让我这个股市小白 (今年 6 月我刚刚开通的账户) 好像一下子变成股市大佬。我从 6 月开通账户到遇到张老师前，买的票有近十只，都是一片绿绿的，真的做梦也想不到，短短的一周时间竟然让我不但出现了红彤彤，还抓到了三只涨停的票，原先只想买到涨停是运气，跟张老师学习之后才知道要靠知识、靠方法。我一个刚刚进入股市的小白真的感觉修了大福报了，一进门就拜师张老师。前天又报了高阶课，真的真的非常感谢张老师！！！

鸿运 086：师者，传道授业解惑也。观看张老师分享的视频，解决了我这段时间的困惑与忧虑。

每天，我千方百计地找题材、找热点、找美女、画颈线，花很多很多时间复盘，然而，股市操作时一买就买在高点被套，一卖股票就疯涨。我现在手上很多的股票被套，真的心急而不得法。

看到张老师的视频后，我终于明白了该找何种不反复、要我们请喝茶的美女，如何组织我们手中的美女等指标。我是一个没有任何基础的小白，希望花几个月打好基础后，报张穗鸿老师的高阶课及线下课，学习更多的操作方法。

股海沉浮危机四伏，我学习张老师的课程和体系，严格按张老师的要求执行。百舸争流千帆竞，借海扬帆奋者先！感谢张老师，您是我的股海明灯！（2024 年 12 月 12 日）

轻松赚钱：感谢张老师！体验了一把大美女的魅力！ 5.4 元附近买入天娱数科，7.5 元附近差点被洗出来，好在有小财神计算器，按计算数据应该要到 9.19 元，今天终于完美地登上 9.35 元，全部卖出。感谢张老师！坚定地跟您学习！（2024 年 12 月 16 日）

每天 T 两点：昨天（2025 年 3 月 11 日）看到张老师分享的消费电子板块的新闻，跟了朗科科技，今天 20cm 涨停了，感谢张老师！

军潜龙组：老师周末小班课提到的佳都科技，今天（2025 年 3 月 12 日）收获一个涨停板。

张老师天团潜力无限：之前不会关注小美女，听了张老师 2025 年 2 月 26 日的公开课上 92002 的美女画法，我于 3 月 6 日选了 838837，7 日买了一点点，第一次吃到 30 个点，感谢张老师。

美女分时景澜：张老师您好！从 2024 年 11 月底听您的小牛营公开课就喜欢上了您讲课，每次必听、反复听、做笔记，收获满满。2025 年 2 月 27 终于鼓足勇气报了您的课，终于弄明白美女颈线位的画法！买博瑞医药我就使用了美女战法！听张老师的话，昨天（2025 年 3 月 11 日）下午尾盘时在股价接近 2024 年 10 月 8 日的高点时果断交了筹码，稳稳当当地拿到 33% 的收益。没有这方法，我可能早就被震下车了。感恩遇见！谢谢张老师！

穆生：张扬展才俊，纲举挈目张；
师德重昆仑，德厚堪为师；
穗香润众生，佛花育金穗；
鸿鹄志凌云，世间一惊鸿 。